U0735181

浮沉

‖ 帝国重臣的人生起落 ‖

范军◎著

天津出版传媒集团

天津人民出版社

图书在版编目（CIP）数据

浮沉：帝国重臣的人生起落 / 范军著. — 天津：
天津人民出版社, 2018.8
ISBN 978-7-201-13873-2

Ⅰ. ①浮… Ⅱ. ①范… Ⅲ. ①历史人物—列传—中国—古代
Ⅳ. ①K820.2

中国版本图书馆CIP数据核字（2018）第174446号

浮沉：帝国重臣的人生起落

出　　版	天津人民出版社
出 版 人	黄　沛
地　　址	天津市和平区西康路35号康岳大厦
邮政编码	300051
邮购电话	（022）23332469
网　　址	http://www.tjrmcbs.com
电子信箱	tjrmcbs@126.com
责任编辑	刘子伯
印　　刷	北京合众伟业印刷有限公司
经　　销	新华书店
开　　本	710×1000毫米　1/16
印　　张	15
插　　页	0
字　　数	218千字
版次印次	2018年8月第1版　2018年8月第1次印刷
定　　价	39.80元

仕途背后的翻云覆雨手

在中国历史上，仕途其实是由一个又一个局组成的。历朝历代朝廷上衮衮诸公在一起钩心斗角是局；改朝换代是从一个权力场转到另一个权力场。既是转场，又是出局与入局。总之，从"局"的角度看权力场上的人生，一切人事便有了意味深长的感觉。封建社会的局是圈子，是组织，其实也是江湖。江湖风波恶，局也一样，充满阴谋与算计。有明规则，更有暗规则。它划定权力场的等级与秩序，但并不是一成不变的。有互动，有悬念，从而形成了一个权力场内部的运动轨迹。这便是中国封建时代历史的看点所在，从里到外看隐蔽的仕途历史，我们便会有不一样的体验和感悟。

仕途上权力场与权力场之间虽然各有千秋，却也大同小异。因为权力场是人设的，也是人在演绎。人在社会，便有等级之分。有等级之分，便有攻和防。以大名鼎鼎的仕途中人张居正为例：在隆庆末年阻力重重的情况下，张居正先是联冯(冯保)倒高(高拱)，稳住自己的阵脚；之后借李太后之力，成功上位内阁首辅，搭建权力铁三角(李太后、冯保和张居正组合)；在这个基础上，他华丽转身为帝王师，成功登顶权力巅峰。与此同时，整合内阁成员，使张居正党羽人际关系互动良好，但正所谓成也铁三角，败也铁三角。曾经固若金汤的铁三角在万历亲政后彻底崩塌，张居正死后还遭清算，仕途之凶险由此可见一斑。

之所以说仕途"险恶"，是因为权力场是权力的集中地，腹黑和厚黑的学问全在其中。康熙九子夺嫡、雍正手足相残，清代最高权力场充斥着颇多杀机，是人性之恶，更是"局杀"的代名词。

我们关注"仕途"其实是为了关注仕途中人的生存状态。当然，关注仕途中人的命运是离不开历史大背景的，因为只有这样才能看得更透彻。过去有句话说"皇帝是历史的奴隶"，意思是贵如帝王者，其命运也不能自主，同样被历史所绑架。如果从"仕途中人"的角度重新品味这句话，或许会让我们觉得，毂中人人生败局千回百转的路线图，是无人可以逃脱其中的。

公元前208年7月，仕途走到终点的李斯被处以"具五刑""夷三族"。死前"身具白骨而四眼之具犹动，四肢分落而呻痛之声未息"，惨不忍睹。一个时代的大人物的故事戛然而止。李斯的仕途曲线先扬后抑，泾渭分明，使人印象深刻，以至于很多年后，唐朝诗人胡曾还感慨万千，为他的墓题诗"上蔡东门狡兔肥，李斯何事忘南归？功成不解谋身退，直待咸阳血染衣。"

真是一声叹息，仕途的惆怅，个中滋味一言难尽。

目　录

第 3 章

赵普：三度为相背后的出招与变招

第 4 章

苏轼：不懂政治人事学

第 5 章

蔡京：左右逢源是一门大学问

第 6 章

寇准：一个猛人的悬念人生

第 7 章

胡惟庸：掌控不住仕途的欲望丞相

第8章

严嵩：多张面孔示人

第9章

高拱：与人斗，其乐无穷，其衰亦无穷

第10章

魏忠贤：一个男人的发迹与覆灭

第 11 章

温体仁：让崇祯遭瘟的内阁首辅

第 12 章

索额图：始荣终败

第 13 章

张廷玉：仕途大佬的最后悬念

第14章

和珅：命运的宠儿与弃儿

第15章

奕䜣：离皇位一步之遥

第 1 章

李斯：命运设计师的悬念与意外

思 考

公元前280年前后，这个世界还好吗？如果用关键词来指代，除了阴谋、杀戮与死亡，是否还有其他的意境？

战国末年，秦将白起率军攻赵，夺取光狼城（今山西省高平县西），斩杀赵人三万。随后白起顺汉水南下，攻克郢都，生擒楚怀王。楚国被迫割上庸(今湖北省竹溪东南)及汉水以北部分地区给秦国。战国诸雄的多年厮杀似乎在这一年要见分晓了，秦国很有统一天下的霸气，但其实不然。历史向来讲究的是欲擒故纵——从这一年算起直到公元前221年，秦国真正统一天下，差不多还需要六十年的时间。六十年一轮甲子，时光荏苒，历史在起承转合。一位重要的人物——李斯，刚刚出世，与此同时出世的还有另外三位重要人物，分别是范增、吕不韦和韩非。在这样的历史背景下，这些不同凡响的人相生相克，注定要掀起波澜。

本文的主人公李斯可以说是在一个诗情画意的地方出生的。这个楚国上蔡（今河南省上蔡县西南）人的出生地草长莺飞，有成群的野兔出没，另外，李斯家乡的东门外水草丛生，空气湿润，让人流连忘返。事实上，它是一种矛盾的存在。在风姿绰约的水草里险象环生，如同此时的楚国及各邻国。这位出生于乱世的男人若干年后走在刑场的路上时，曾百感交集地对其儿子感叹道："我多想再和你到上蔡东门外牵黄犬逐狡兔，不知是否还有机会？"这些充满意蕴的话，似乎参透了人生的得与失。

　　李斯的人生张力很足，跌宕起伏一个轮回下来，势大力沉，非常人可以比拟。现在看来，李斯人生轨迹的第一个拐点源于他的深度思考。走什么样的路、做什么样的人？这个问题或许我们每一个人都曾想过，但李斯不是想，而是深度思考。

　　李斯的思考源于两只老鼠，他曾看到一只在厕所里吃人粪的老鼠，而另一只是在仓库里吃粮食的老鼠。前者惊慌失措，骨瘦如柴；后者怡然自得，心宽体胖。同样是鼠，为什么差别会这么大呢？李斯观察后得出的结论是"人之贤不肖，譬如鼠矣，在所自处耳！"一句"在所自处"昭示了李斯的命运将是不断变化的。唯有行动才能最终改变命运。此时的李斯只是上蔡县城一个掌管文书的小吏，仰人鼻息，没什么前途可言。在他心里，自己或许和在厕所里吃人粪的老鼠没有多大区别，人前人后都谈不上光鲜亮丽。于是改变就从那一刻开始，李斯改变的初衷有逻辑基础、性格基础和欲望基础。在这个世界上，不是每一个人心动之后就立马行动的。李斯后来的人生之所以丰满而立体，在于他从不将人生的起点当作终点，即便许多年之后，从终点再回到起点，但此起点已非彼起点，一切物是人非，斗转星移。李斯恰恰就是这种"我来了，我看见了，我经历了，而结局无所谓"的人。

　　荀子作为李斯的老师，也是一个一生漂泊的人。荀子的漂泊不仅仅是为了改变自己的命运，虽然后人的评价当中，荀子的人生要宏大和深刻得多。但至少在李斯拜他为师前，这个儒家学派的代表人物曾经奔走于秦、赵、齐等国家，宣扬自己的政治主张。但乱世中仁术式微。在秦国，荀子建议秦昭王重用儒士，"力术止、义术行"，未果；在赵国，荀子向赵孝成王提出"善用兵者""在乎善附民"的主张，未遂；在齐国，荀子对"女主乱之宫，诈臣乱之朝，贪吏乱之官"的国之乱象提出批评，碰壁。虽然他一度被春申君任命为兰陵令，但对时政的影响实在有限。所以当他五十岁才游学于齐国并出任稷下学宫的祭酒时，其从政之路可以说是坎坷的。这样的坎坷化作人生经验，便是荀子告诫他的学生李斯在毕业找工作时需脚踏实地，不要好高骛远。

　　《史记·李斯列传》记载，李斯师从荀子学帝王之术，有所成就后对恩师如是说："今秦王欲吞天下，称帝而治，此布衣驰骛之时而游说者之秋也……故诟莫大于卑贱，而悲莫甚于穷困。久处卑贱之位，困苦之地，非世而恶利，自托于无为，此非士之情也。故斯将西说秦王矣。"荀子彼时的心情想必是百感交集的，而历史总是惊人的相似。他当年西去秦国碰壁而归，如今学生李斯却要重蹈覆辙。荀子建议他在楚国首都的政府机关里当一名小公务员。而李斯的回答却是"楚王不足事，而六国皆弱，无可为建功者，欲西入秦"。向西的决心不可动摇，在设定目标的道路上，李斯不玩曲线救国，更不肯降低目标，苟且一生。"做一只什么样的老鼠"关系着他的人生质量。他人的经验虽然可以参考，毕竟时移世易，具体情况要具体分析。李斯和荀子此时此刻心态的不同预示着人生道路的不同。荀子授之以道——儒家之道，李斯学之以术——法家之术，这就像一个硬币的正反面，所谓各取所需。

　　从此，李斯的人生从心动开始行动，凡是和既定目标偏离的干扰因素，都要剔除。公元前238年，荀子逝世。同年，嬴政亲政。这位十三岁就被拥立为秦王的人物是当时最大的传说。李斯的机遇隐约可见，可是，他能抓住吗？走近一个人与走进一个人的心里是有本质区别的，初出茅庐的青年李斯能否跨越其中的沟壑？无人知晓。

机　遇

　　事实上走近秦王也不是一件容易的事，因为李斯缺少一个合理的身份。李斯到了秦国以后，欲献帝王之术，以什么身份觐见呢？若以布衣之身贸然闯宫，即便见了秦王嬴政，秦王凭什么会对他言听计从？在这里，机遇问题成为李斯成败的关键。

　　李斯选择的对策是曲径通幽。先得到秦相吕不韦的器重，再由其引荐，隆重推出，再向秦王献帝王之术。所以细究起来，这里存在两个机遇：首先是走近吕不韦的机遇问题，其次才是走近秦王的机遇问题。而李斯在其中分寸拿捏得当，很有一气呵成之意。我们首先来看一看他是怎么走近吕不韦的。

　　吕不韦当年曾重金资助被质典于赵国的秦王孙公子异人（后改名为子楚），认为其"奇货可居"。事实上，这真是一桩眼光独到的投资，吕不韦收获颇多。因为子楚归国后即位，成为秦庄襄王，他拜吕不韦为丞相，封文信侯，食河南洛阳十万户；至太子嬴政即位后，吕不韦更被尊为相邦，号称"仲父"。吕对秦王的影响力可以说无人能出其右。其门下食客更达三千人，家童万人。而李斯有何德何能，能够在数千门客中脱颖而出，引得吕不韦的关注呢？

　　李斯的解决之道是依靠两样东西：一是荀子门生的身份；二是写得一手漂亮的小篆。再加上吕不韦面试时，李斯侃侃而谈，纵论天下大事自成方圆，顺利过关，成为其门下一名舍人（门客）。

当舍人易，出人头地却难。就像毛遂自荐的典故那样，要想鹤立鸡群，非得有大实力不可。李斯进相府后，有两件事做得与众不同，终于引得吕不韦格外关注。一是修订《吕氏春秋》。《吕氏春秋》是吕不韦著书立说的重要标志，当然具体工作是让门客（舍人）去完成的，内容含八览、六论、十二纪，共二十多万字。工作量不是一般的大，成稿的质量也随门客水平不一。李斯既为荀子门生，擅长纵横之术，又写得一手漂亮的小篆。其工作业绩自然是很突出的。不妨这么说，他领衔修订的《吕氏春秋》起码在文字修辞上无可挑剔。因为吕不韦曾自豪地将修订后的《吕氏春秋》发布在咸阳城门上，又在旁边悬挂一千赏金，号称若有人能增减一字，就给予千金奖励。结果无人能够领走奖金。如此底气和豪气，一大半应来自于李斯的自信及吕不韦对他的赏识吧。

二是李斯对国政献策，并且一鸣惊人。公元前243年，秦国发生严重蝗灾，庄稼绝收，百姓亟须救济，而富户豪门却一毛不拔，坐视朝廷困局。秦王嬴政想采取手段，却不知从何下手。李斯向吕不韦献策说，相国不妨请旨下诏，富户豪门凡交纳粟谷一千石者，可拜爵一级。此谓以爵求利。如此，囤积居奇的困局可解，而朝廷则可用交纳的粟谷救济饥民。接下来的事实证明，李斯的献策是有实效的，当然对他而言，最重要的收获是吕不韦对其刮目相看了，并最终将他引荐给秦王。李斯的第一个机遇至此完美收官。

接下来的问题是能不能取得秦王的信任，以售帝王之术。如此，说服工作就相当重要了。《史记》记载李斯的说服理由是："昔者秦穆公之霸，终不东并六国者，何也？诸侯尚众，周德未衰，故五伯迭兴，更尊周室。自秦孝公以来，周室卑微，诸侯相兼，关东为六国，秦之乘胜役诸侯，盖六世矣。今诸侯服秦，譬若郡县。夫以秦之强，大王之贤，由灶上骚除，足以灭诸侯，成帝业，为天下一统，此万世之一时也。今怠而不急就，诸侯复强，相聚约从，虽有黄帝之贤，不能并也。"这段话的意思是没有条件的时候要潜龙勿用，时机成熟时要立马抓住，免得错失良机。李斯对错失良机的后果做了如此描述："今怠而不急就，诸侯复强，相聚约从，虽有黄帝之贤，不能并也。"意思是大王您如果犹豫不决，各诸侯国重新强大起来，合纵连横，到时候（秦王）即便有黄帝之贤，也不能统一天下。

李斯的"机遇说"既说给秦王听也说给自己听。所谓成大事者能察时机之变，见势而为。如此机遇，秦王抓住了，也便是李斯抓住了。秦王要是不以为然，李斯之前的种种努力也将付诸东流。但李斯的高明之处在于他不仅务虚，更务实。因为抓住机遇是个空泛的概念，怎么抓、最后以什么手段达成什么目的才能真正动人心弦。正是在这一点上，李斯有他的方法论、远见和对时局深刻的洞察力，也使秦王真正的信任他，依计而行，并且重用他。

李斯的方法论主要有两点。一是"离间和贿赂"。"诸侯名士可下以财者（接受其贿赂），厚遗结之；不肯者利剑刺之，离其君臣之计，秦王乃使良将随其后……"这个很像当年美国的"胡萝卜加大棒"政策，即软硬兼施；二是"远交近攻"，确定"先灭韩，以恐他国"的吞并顺序。李斯建议秦王先攻韩、赵，"此举则韩亡，韩亡则荆（楚国）魏不能独立，荆魏不能独立则是一举而破韩、蠹魏、拔荆，东以弱齐燕。"因为当时六国中韩、魏、楚与秦国接壤，楚国较强，韩、魏较弱。李斯远交近攻、先弱后强的战略部署与当年张仪的合纵连横针锋相对，在秦国已然强大的背景下作为破衡之道，有极强的现实意义，与此同时，对提升秦王统一天下的勇气和信心也有莫大的帮助。李斯的方法论才是真正的务实，才能让秦王化心动为行动，开始有所作为。

当然对李斯的人生设计来说，这是浓墨重彩的一笔。所谓机遇改变命运，李斯被秦王拜为"客卿"。客卿居于三公和九卿之间，有崇高的地位。这或许可以称为机遇成功学，李斯的所作所为，在这一点上比他的老师荀子走得更远。但机遇的背后是危机。接下来李斯遭遇了三大人生危机，他能否一一化解？"做一只仓鼠而不是厕鼠"并不是一帆风顺的，这一点李斯深有体会。

危　机

　　公元前237年，秦王嬴政看李斯的眼神显得阴郁而狐疑。这个他自己一度非常器重的智囊人物因为郑国这个人的出现也变得将信将疑。差不多在十年前，韩国人郑国来到秦国，通过吕不韦说服他兴修大型灌溉渠，西引泾水东注洛水，长达三百余里。给出的理由是秦国欲富国强兵、实现天下统一，就需先保证农业丰收，而关中平原没有一座大型灌溉渠确保农田用水，所以兴修水利乃当务之急。当时的秦王没想到这个看上去一脸忠厚的水利工程师其实是韩惠王派来的间谍，替韩国救亡图存来了。因为在此前不久，秦国夺得韩国都城新郑的重镇成皋、荥阳，很有一鼓作气将韩国纳为己有的意思。郑国此来，抱持"疲秦之计"，以说服秦国兴修水利为由，使该国大部分青壮年劳动力都投入到修建郑国渠的劳役中，以此耗竭秦国实力，同时延缓其攻打韩国的时间。韩国苦心孤诣，直让清醒过来的秦王连呼上当，并紧急开展整风和清理门户运动。

　　所谓"清理门户"便是秦王下令驱除异邦客卿。李斯也在此名单之列。这个来自楚国、师从于荀子的异邦客卿，虽然有些才华，可谁知道他心里真正想些什么呢？那些他脑子里"嗖嗖"冒出来的主意到底是出于真心还是阴谋？无人知晓。秦王可不想再花十年时间来验证一个阴谋的发酵过程。所以，还是一并赶走了事。毫无疑问，这是"城门失火殃及池鱼版李斯"。李斯这才明白"人在江湖漂，谁能不挨刀"。他的职业生涯迎来了第一次生存危机。如何化解，考验着他的智商和情商。

李斯的应对之策是写信，写《谏逐客书》劝秦王收回逐客令。李斯的这封信先从历史谈起，称"昔穆公求士，西取由余于戎，东得百里奚于宛，迎蹇叔于宋，来丕豹，公孙支于晋。此五子者，不产于秦，而穆公用之，并国二十，遂霸西戎"。摆事实讲道理，雄辩地论述秦国之所以走向强大，靠的就是引进人才，有容乃大。文采不是一般的华丽丽。紧接着李斯指出秦王逐客——"今乃弃黔首以资敌国，却宾客以业诸侯，使天下之士退而不敢西向，裹足不入秦，此所谓藉寇兵而赍盗粮者也。"告知秦王这是祸国之道，"此非所以跨海内，制诸侯之术也。"在这封信的最后，李斯真诚希望秦王要胸怀宽广，"是以泰山不让土壤，故能成其大；河海不择细流，故能就其深……此五帝三王之所以无敌也。"

与此同时，郑国也为自己的行径辩解到"臣为韩国延数岁之命，而为秦建万世之功"，指出郑国渠并非完全百害而无利，一定程度上削减了秦王对异邦人的恶感。而事实也的确如此，郑国渠建成后，于秦国多有裨益，《史记》记载："渠就，用注填阏之水，溉舄卤之地四万余顷，收皆亩一钟，于是关中为沃野，无凶年，秦以富强，卒并诸侯，因名曰郑国渠。"

当然对李斯来说，最重要的是他的命运转危为安了。这是一个由水渠引发的仕途危机，只是李斯的纵横之道实在了得，他旁征博引，内外夹攻，终于让秦王抛弃成见，也为自己赢得了进一步的生存空间。秦王取消逐客令后，重用李斯，封其为廷尉。所谓世事有惊无险、否极泰来，李斯是真切地感受到了。

但是，世事难料。公元前233年，天象异常。天王星与海王星合相于双子座18度。这一年，马其顿亚历山大大帝在弗尼吉亚城朱庇特神庙前，面临其人生中的一个重大危机：解开该庙在几百年前由戈迪亚斯王系设计的一个复杂的绳结。事实上亚历山大大帝别无选择。这个冬天他进兵亚细亚，很有要做亚细亚帝王的意思。而天命中出现的这么一个绳结成为考验他帝王资格的难题。身后，成千上万的追随者注视着他，目光复杂。所谓成王败寇，一切尽在绳结中。那么，亚历山大大帝是怎么做的呢？面对这个之前无数人都解不开的复杂绳结，只见他快刀斩乱麻，拔出战剑，一剑下去，绳结应声而断——有时候解决问题的思路并不复杂，只是需要独辟蹊径的眼光和手段而已。

同样是在这一年，李斯的同学韩非死了，死于李斯的特殊手段。韩非之死标志着李斯的又一大人生危机的解除，因为在此之前，秦王对韩非非常欣赏，很有神交已久、揽为己用的意思。秦王曾对李斯这样说："我要是能见到此人，和他交往，死而无恨。"同为荀子的学生，李斯当然能听出秦王话语背后的意思。李斯太明白韩非在秦王心中的分量了。《史记》记载，韩非精于"刑名法术之学"，此人研习慎到的"势"、商鞅的"法"和申不害的"术"，先后写出《孤愤》《五蠹》《说难》等书，在各国君主间流传，颇有当时意见领袖的潜质。秦王就是拜读了他的大作后成为其粉丝的。因此，就帝王之术的精到而言，毫无疑问李斯是自愧不如的。

公元前234年，韩非终于有机会站在了秦王面前。这个机会说起来相当的残酷：秦国进攻韩国，韩王不得不起用韩非，并派他出使秦国，以化解危机。由此，秦王见到了这个传说中的人物，而韩非的学问也让他肃然起敬，秦王甚至产生要重用他的想法——李斯的人生危机就此降临。因为相国之位向来跟君王之位一样，是独一无二的。君王之位还讲究个血脉延承，相国之位则完全靠才能说话，并且它也不讲究先来后到——对成大事者而言，谁能为君王所用，谁就是最合适的人选。李斯的危机处理方案，从这一刻起不得不紧急启动。

其实就客观条件来说，韩非有所长，也有所短。第一，他说话口吃，不善辩论。虽然有才，才大多在"肚子"里，不能脱口而出；第二，韩非不懂人情世故，说话容易冲撞人。这与他的贵族出身有关。不懂得看别人眼色，凡事以自我为中心。第三，韩非从韩国来，却在第一时间上书秦王，劝他先伐赵，缓伐韩。其私心昭然若揭。李斯认为，这最后一种情形对韩非来说最致命。他找机会密陈秦王："韩非，韩之诸公子也。今王欲并诸侯，非终为韩不为秦，此人之情也。今王不用，久留而归之，此自遗患也。不如以过法杀之。"（见《史记·李斯列传》）

李斯这话说得滴水不漏，先将韩非来秦的动机定性，是"为韩不为秦"，然后提出解决之道——与其放虎归山，不如不留隐患，"以过法杀之"。只有这样做了，秦王才能成就霸业。但秦王却没有按李斯的建议去做。他似乎在观察韩非的所作所为，以进一步确定其来秦的动机。的确杀一个人是容易的，但韩非这样的大才子如果轻易杀掉，实在是太可惜了。所以不妨做做他的思想工作，如果能转变过来，何乐而不为呢？就此，局势宕开一笔，李斯的危机并没有解除，而时间，实在是对韩非有利——他的确是为其帝王之术寻找实践对象来的，之所以劝秦王先伐赵而缓伐韩，这里面虽有爱国因素的考虑，但更多地还是出于战略布局的考虑——时间会证明韩非的动机是有利于秦国和秦王的。

李斯开始焦灼不安了。危机酿成危局，这是他没想到的。从秦王模糊的态度可以得知，他对韩非还是有期待的。一旦韩非翻盘成功，他李斯将死得很惨。毕竟自己曾在秦王面前进过谗言。所以必须趁热打铁，进一步采取行动。李斯接下来便是借助外力，从侧面进攻韩非。由此，一个叫姚贾的人浮出水面，开始为李斯所用。魏国人姚贾本来和韩非没有什么关系，但韩非给他定性，称其为"世监门子，梁之大盗，赵之逐臣"，实在点说，韩非所指亦是事实。因为姚贾的确出身"世监门子"，他的父亲是看管城门的监门卒，出身卑微，而他本人又在楚、燕、赵和韩四国联合攻秦行动中被秦国用间，最后被赵王逐出境。所以"赵之逐臣"的称谓也算属实。但韩非说这番话是在秦王重用姚贾的背景之下——秦王后来派他出使四国时给予高规格待遇——"资车百乘，金千斤，衣以其衣冠，舞以其剑"，回国后又拜为上卿，封千户。韩非自己尚属考察期却肆无忌惮地攻击秦之重臣，李斯认为这是其自掘坟墓。他马上联合姚贾，给韩非致命一击。

秦王却还想给韩非最后一个为自己辩解的机会。但这恰恰是韩非的短处。在朝堂之上，韩非结结巴巴地说姚贾"以王之权，国之宜，外自交于诸侯"，浪费秦国的金钱，为自己谋利益，又攻击他出身低贱，难当大任。由此，同样出身低贱的李斯充当二辩，为姚贾辩护称，用重金贿赂四国君王是秦之国策，姚贾要是有私心，"外自交于诸侯"，他为什么会在他国卧底三年重回秦国呢？这恰恰是一种忠诚；另外关于出身的问题，李斯提出姜太公、管仲和百里奚等出身都不高贵，但对其所效忠的"明主"可谓殚精竭虑。韩非出身高贵，却不在他的祖国效力，跑到异国他乡来献帝王之术，这样的行为难道是效忠"明主"的表现吗？韩非至此完全目瞪口呆，无力为自己辩护了。他说话口吃，又不懂人情世故，现在被老同学逮住机会狠狠一击，真是百口莫辩。秦王也最终下定决心，将韩非下狱审讯。他的命运就此注定——李斯密派手下给韩非送去毒药，让其自杀。而韩非也别无选择，死在了自己老同学手里。李斯遭遇的这次危机至此完全解除，他坐稳了秦国最高智囊的位置。

李斯人生的第三次危机发生在公元前210年。这一年秦始皇第五次巡行，北归时得了重病，不久就死在沙丘(今河北省巨鹿县东南)。帝国的形势立刻变得微妙起来。是长子扶苏还是幼子胡亥继位，直接关系到李斯的前程。按秦始皇临死前的本意，是想让扶苏上位。因为他给扶苏发了诏书及符玺，希望他回来参加葬礼。两年前，扶苏被父亲派往上郡（今陕西省绥德县）做大将蒙恬的监军，此刻他并不在秦始皇的身边。这里面实在是有深意的。不是秦始皇不信任蒙恬，也不是他要流放自己的大儿子，而是让他出去历练，之后直接掌握兵权，以便将来可以成就大事。秦始皇其实没想到，自己会那么快离开人世，所以在生命的最后一刻，他向这个远在异地的大儿子发出召唤，希望他赶快回来继承大统。

世事在这里变得微妙起来。李斯首先感受到的是一种深刻的危机，一朝天子一朝臣。扶苏跟蒙恬的关系又是亲密无间的。而这蒙恬，实在是帝国重量级的人物。他出身于名将世家。祖父蒙骜在秦昭王时代官至上卿。父亲蒙武是与王翦齐名的人物。出生入死，屡立战功，在灭楚之战中战功赫赫。蒙恬自己也在公元前221年被封为将军，后拜为内史（秦朝京城的最高行政长官），弟弟蒙毅也官至上卿。蒙氏家族可以说是大秦帝国的顶梁柱，而秦军的主力多在蒙恬手中。现在扶苏有蒙恬掌握的兵权作依靠，若实现"扶蒙配"，李斯的相位是岌岌可危的。

最重要的一点是他和扶苏政见不合。李斯主导焚书坑儒事件时，扶苏曾上书明确反对。只因秦始皇支持李斯的行动，扶苏才悻悻作罢。现在扶苏即将上位，他李斯还有明天吗？弄不好就是杀身之祸！在这个意义上说，李斯这一次的人生危机是前所未有的严重。更要命的是，他竟然想不出破解之道。

有一个人为他想出了破解之道——赵高。作为胡亥的老师，中车府令赵高的目标是让胡亥称帝，当然这里面存在两大障碍：首先是如何对付扶苏，阻止他上位；其次是如何对付李斯，将其拉到自己的阵营中来，拥戴胡亥称帝。事实上赵高比较有把握的处置之道是第一个。因为秦始皇准备发给扶苏的信件当时还握在他手里，尚未发出。要不要发、如何发，均取决于他。但赵高以为，真正的难点还在其次，也就是如何对付李斯。李斯是在秦始皇时代上位的，他的一切可以说都是始皇帝给的。现在始皇帝死了，留下的政治遗嘱李斯肯定要不折不扣地执行，此谓报恩。所以接下来，赵高的工作重心放在了李斯身上，试图以他为突破口，扭转政局。

面对赵高苦口婆心地劝说，李斯陷入两难境地。他或许觉得这个叫赵高的人实在不懂得如何做思想政治工作。赵高竟然用一连串的排比句质问他——"你的才能能否超过蒙恬？你的功劳比蒙恬高吗？你的谋略能胜过蒙恬？你的声望名誉好得过蒙恬？你与扶苏的私人情谊比得上蒙恬？"李斯听了那真是心烦意乱。因为现在问题的关键不是纠结于这些明眼人都知道的表面问题，而是寻求破解之道——既然我们的阵营在诸多方面不如对手，那如何取胜呢？这是其一。其二，扶苏背后站着蒙恬，秦国的武装力量都掌握在对方手里，这是比扶苏个人实力更强大的国家实力。赵高拟让胡亥篡位，从技术手段上问题不大，因为信息不对称。但篡位之后事更多。首先，政局不稳，扶、蒙肯定要"反攻"；其次，他李斯的位置就不会动摇吗？未必。多少事，兔死狗烹；多少人，能做到急流勇退？怕是到时候你想退却找不到退路了……历史的经验和教训实在是太多太多，李斯不愿意做这样一个毫无价值甚至是背负骂名的牺牲者或者说是替罪羊，所以他对赵高的回应话语充满敷衍色彩："安得亡国之言？此非人臣所当议也！""斯，上蔡闾巷布衣也。上幸擢为丞相，封为通侯，子孙皆至尊位重禄者，故将以存亡安危属臣也，岂可负哉？""三者逆天，宗庙不血食。斯其犹人哉！安足为谋……"（均出自《史记·李斯列传》）

但李斯最后还是屈服了，因为赵高使出了撒手锏，说出了如下话语："君听臣之计，即长有封侯，世世称孤……今释此而不从，祸及子孙，足以为寒心。善者因祸为福，君何处焉？"这便是赤裸裸的威胁了，特别是"祸及子孙"四个字，让李斯不得不对厚黑学的精髓再一次深有体会。不错，扶苏如若上位，对自己的仕途是有影响，道不同不相为谋，但赵高拥戴的胡亥派更是不按常理出牌。不仅拥有合法伤害权，更享有预期伤害权，这是一种透支，透支的不仅是李斯当下的命运，更是他整个家族未来的命运。所以两害相权取其轻，李斯只能做出苟且的选择。《史记·李斯列传》记载："斯乃仰天而叹，垂泪太息曰：'嗟乎！独遭乱世，既以不能死，安托命哉！'"于是李斯不得已听从了赵高。

至此，李斯人生的第三次危机以一种别样的方式化解了。胡亥上位，扶苏、蒙恬相继被自杀，他继续做着秦国的国相。或许，在某些花好月圆的时刻，李斯想象着兔死狗烹的故事不会在自己身上重演，自己做出的不是投机而是明智的选择。退一步讲，这其实也是对自己命运的投资，当他将全部身家都押在胡亥、赵高一方之后。那么，世事果真如此吗？李斯这只秦帝国最大的"仓鼠"能否安享晚年？一切还需时间来揭晓。

死生之事

公元前211年，两件事情的发生让当时时为国相的李斯心惊胆战。一是陨石事件。在帝国东郡掉下一块大陨石，上刻"始皇帝死而地分"等字眼。当然这块陨石李斯没有亲见，不知真假。只是作为政治流言，这样的消息流传就是凶兆，不可等闲视之；二是百官云集相府事件。关于此事，《史记·李斯列传》这样记载："斯长男由为三川守，诸男皆尚秦公主，女悉嫁秦诸公子。三川守李由告归咸阳，李斯置酒於家，百官长皆前为寿，门廷车骑以千数。"什么意思呢？意思是说——李斯的长子李由担任三川郡守，儿子们娶的是秦国的公主，女儿们嫁的都是秦国的皇族子弟。三川郡守李由请假回咸阳时，李斯在家中设下酒宴，文武百官都前去给李斯敬酒祝贺。门前的车马数以千计。

李斯害怕了。因为他想到了老师荀子教给他的一个词：物禁大盛。这其实是盛极而衰的意思。李斯感慨自己："乃上蔡布衣，闾巷之黔首，上不知其驽下，遂擢至此。当今人臣之位无居臣上者，可谓富贵极矣。物极则衰，吾未知所税驾也！"（见《史记·李斯列传》）"当今人臣之位无居臣上者"实在是自惕之语，李斯也很有居安思危的意识，只是前途叵测，他担心自己不知道归宿在何方（税驾犹解驾，即休息或归宿的意思）！

在这个意义上看发生在一年后的李斯在赵高胁迫下拥立胡亥上位的事件，便是相当的意味深长。李斯没有遭遇扶苏、蒙恬的反攻倒算，却遭遇了赵高的步步紧逼。事实上这样的结局他也曾经设想过，同盟军一夜间易为敌手的事在历史上也是屡见不鲜，但李斯以为，他还是有反制之道的。赵高者，中车府令也，职务相当于皇帝的侍从车马班长，在帝国的官职品秩中，只能算是中级官吏，归属太仆（相当于交通部长）管辖，官秩六百石，实在是不多。虽然赵高拥立有功，再给他找一个优点，书法写得也不错，是帝国除李斯外无出其右的人物，但那又怎样呢？李斯不相信这个人会对自己构成威胁。即便新皇帝想让赵高上位，起码得给自己一个下来的理由吧。李斯思前想后，实在找不出这样的理由。

但李斯想不到，赵高实在强悍，因为他具备两点李斯没有的。一是策划事件的能力，即无中生有、打击报复、为我所用，没事也能给你生出事来；二是信息垄断权。以前李斯和秦始皇沟通顺畅，但新主上位后，这样的沟通权为赵高所独有。没有沟通就没有理解，裁判也无从谈起。李斯一旦有事，赵高落井下石，形势对他实在是不利。李斯首先感受到危机是秦二世对他生厌，继而起疑心。这其中，赵高就发挥了巨大的作用。首先，他运用信息垄断权总是挑秦二世寻欢作乐时通知李斯进去禀报，要命的是李斯自以为是老臣、忠臣和直臣，一进宫就对秦二世重建阿房宫、大修驰道等奢侈浪费行为提出批评，严重影响秦二世的好心情，招致其厌烦；随后赵高运用他的策划能力，无中生有地向秦二世密报李斯倚功自重，目无君上，招致其疑心。李斯的相位至此岌岌可危，几乎不保。

那么，李斯如何应对呢？历史给了我们一个清晰却又出人意料的答案。堪称以毒攻毒的典范。李斯竟然上《行督责书》，引申不害"有天下而不恣睢，命之曰以天下为桎梏"之名言为秦二世纵情恣欲提供理论支持。他认为"主独制于天下而无所制也。能穷乐之极矣，贤明之主也，可不察焉"，意思是"君主专制天下而不受任何约束，才能享尽达到极致的乐趣。贤明的君主，又怎能看不清这一点呢"。李斯凭着其《行督责书》那些搏出位的话语和理论，向秦二世进媚言，献忠心。以矫枉必须过正的决绝姿态扳回一局，也让赵高大跌眼镜的同时心生寒意："要说做人无底线，李相您是我的老师。"

李斯的《行督责书》果然收效显著——秦二世对他再无疑心了。这当然是李斯自保的一个手段，但赵高却曲径通幽，再掀波澜，从另一个侧面入手，寻找打击李斯之道。这一次赵高瞄准的是李斯的儿子——三川郡守李由。公元前209年7月，陈胜、吴广的部队相继攻下大泽乡、蕲县和淮阳，直指李由据守的荥阳，李由发急信求援"贼军十万已到许县，日夜可达荥阳，城内二万五千名士卒日夜铸兵器，加固城墙，挖拓城河，防哨巡守。无奈兵力悬殊，存粮也只可用数月。望速派兵增援。"这样一封信件被赵高利用了。赵见李由未能取胜，向秦二世落井下石道："丞相长男李由为三川守，楚盗陈胜等皆丞相傍县之子，以故楚盗公行，过三川，城守不肯去。高闻其文书相往来，未得其审，故来敢言。"（见《史记·陈涉世家》）这样的一种不确定性实际上是有罪推定，以此请求派人督查李由与农民军相互勾结之事。这里有一个背景还需交代，那就是李由和扶苏、蒙恬的关系。李由虽为李斯之子，却自小和扶苏关系甚好，同在蒙恬手下学习兵法，政治立场十分可疑。如今扶苏、蒙恬已死，父亲处境堪忧，李由将兵在外，会不会和"贼军"里应外合，试图举事？不可不疑，也不可不防。赵高从这一层微妙而危险的关系入手，直挠皇帝疑心，直击李斯痛处，李斯自然是辩无可辩。

但还是要辩的。锒铛入狱后的李斯上《狱中书》，以一种反讽的可谓为自己激情辩白。他说："臣为丞相，治民三十余年矣……臣尽薄材，谨奉法令，阴行谋臣，资之金玉，使游说诸侯，阴修甲兵，饰政教，官斗士，尊功臣，盛其爵禄，故终以胁韩弱魏，破燕、赵，夷齐、楚，卒兼六国，虏其王，立秦为天子，罪一矣；地非不广，又北逐胡貉，南定百越，以见秦之强，罪二矣；尊大臣，盛其爵位，以固其亲，罪三矣……"如是这般为自己邀功摆好的"罪名"李斯列举了七条，他试图绝地反击，为自己谋一线生机。只是李斯没想到，这实在是雪上加霜！因为你李斯既然可以威胁韩国，削弱魏国，击败燕国、赵国，削平齐国、楚国，最后兼并六国，俘获其国王，那还有秦王什么事呢？功劳都是你的，天下也都是你的了。所谓功高盖主，本是不可言说之事，现在好了，不打自招。

悲剧就此注定。李斯一生中最著名的三大书《谏逐客书》《行督责书》和《狱中上书》在不同时期有不同的历史推力，在两次救赎了其命运之后终于彻底崩盘、一泻千里。公元前208年7月，李斯被处"具五刑""夷三族"。死前"身具白骨而四眼之具犹动，四肢分落而呻痛之声未息"，惨不忍睹。一个时代的大人物的欲望故事至此惨败收场。李斯的命运曲线先扬后抑，泾渭分明，令人印象深刻，以至于很多年后，唐朝诗人胡曾还感慨万千，为他的墓题诗："上蔡东门狡兔肥，李斯何事忘南归？功成不解谋身退，直待咸阳血染衣。"

真是一声叹息，个中滋味冷暖自知。

第 2 章

窦婴：仕途浮沉观察

出　局

　　景帝前三年（前154年），西汉窦太后的侄子窦婴做詹事一职，仕途相当不明朗。所谓詹事即给事、执事。《汉书·百官公卿表》曰："詹，给也。"这样一个官职主要管皇后、太子家中的一些事，类似于管家。窦婴即为窦太后的侄子、景帝的同母弟，顺理成章地管理太后官属之事。这个好养宾客的宗室子弟此前也在文帝时代做过吴相，后因病免。病免其实是种含蓄的说法，江湖传言窦婴这个人"任侠、自喜"的性格明显，自鸣得意、自视甚高，喜欢和江湖中人打成一片，吴王濞便疏远了他。窦婴以病告退，实在是给双方面子，所谓皆大欢喜。因为文帝时代，窦太后当时还是窦皇后，作为其从兄子，窦婴自然算皇亲国戚，吴王濞不便太得罪。在仕途上有远大抱负的窦婴决定潜龙勿用，退而做一名詹事，以待时机。

　　景帝前三年（前154年）的确是生事的一年。这一年汉武帝刘彻才刚满三岁，那是真正的潜龙勿用。他自然不可能生事。生事的是赵王刘遂、胶西王刘卬、楚王刘戊及吴王刘濞等，史上著名的七国之乱就发生在这一年。而在此之前，洛阳东宫大火，焚毁大殿、城室；御史大夫晁错多次上书倡议削藩，更定法令三十章，导致诸侯大哗。晁错的父亲从老家颍川千里迢迢赶到京师，当面呵斥儿子。晁父以为，晁错"侵削诸侯，疏人骨肉，多方树怨"，实在是不聪明。晁错为自己辩解说，自己之所以这样做，是不忍目睹"天子不尊，宗庙不安"的帝国乱象，要有所作为。晁父见势不可为，服药自杀身亡。死前留下一句话："刘氏安而晁错危，祸已加身，何其蠢也……"

就在一片山雨欲来风满楼的微妙氛围里，帝国时局观察者窦婴做了一件不合时宜的事，以至于"詹事"这一闲职都做不了了，彻底成了一个闲人。这件事与一场宴饮有关。宴饮的主角是景帝、窦太后和梁王，配角是窦婴。梁王即刘武，汉文帝的儿子，生母是窦太后，可以说是景帝的同母弟、亲弟弟。论亲疏远近，三个主角是母子关系，窦婴作为窦太后的从兄子，关系自然就远了一层。本来这场宴饮没他什么事。作为詹事把酒陪好、把话说好，窦婴当万事大吉，但恰恰在后一点上，他犯错误了，说了一句不该说的话，以至于影响了他的仕途，连出入宫廷的资格都被取消，彻底成为帝国仕途的局外人。算起来这也是与其"任侠、自喜"的性格有关。

当时的背景是这样的：景帝与梁王酒过三巡，其乐融融，趁着醉意说了这样一句话："千秋万岁后传于王"，即我死后你来继位。窦婴听罢，在一边坐不住了，忙引卮酒（卮是一种饮酒的礼器。一卮酒等于市制四升，即四千毫升)进言道："天下者，高祖天下，父子相传，汉之约也，上何得传梁王！"空气在这一瞬间凝固了，凝固在窦婴碗里四千毫升的酒中，而窦太后的表情尤为尴尬，因为窦婴的不合时宜，窦太后心里一定在想：在这样的一个场合，你有什么资格评说帝王家事呢？即便我是你姑姑，你是我侄子！

也难怪窦太后生气，因为她实在是太喜欢自己的这个小儿子了。窦太后与汉文帝育有一女两男，长子刘启即汉景帝，而她自己最宠爱的是小儿子刘武。在她的影响下，刘武先在文帝前二年（前178年）立为代王，四年后迁为淮阳王，十二年迁为梁王。封四十余城，拥有的珠玉宝器比京师王宫里还多。这梁王自己也很有大志，招纳的社会贤才如吴人枚乘、严忌，齐人羊胜、公孙诡、邹阳，蜀人司马相如等坐而论道，很有胸怀天下的气概。景帝也给了他最高礼仪。每次入朝，景帝都要派使者持节以皇帝乘舆车马迎于关下，来京后多留住半年以上。入则同辇，出则同车，射猎上林苑中，真可谓手足情深。所以此次宴饮时，他与梁王说出"千秋万岁后传于王"一语，听上去毫不突兀，也不是醉言，当是水到渠成之意，听得梁王心喜，窦太后亦深以为然。

但窦婴的理解却不是这样。当时景帝未置太子，与梁孝王宴饮酒后戏言，要么就是一种抚络之术，要么出于孝心。无论哪一种情况，窦婴都认为要不得。的确，当下的背景是诸王多有欲反之势，景帝表示去世后要将帝位传给亲兄弟，这有抚络人心的意思，可以一时安稳局面，但却深埋巨患——一旦日后景帝另立君主，传位于他的后人，将极可能兵连祸结，导致政局不稳。所谓君无戏言，道理就在这里；另一种情况是出于孝心，景帝真的打算自己去世后要将帝位传给亲兄弟，窦婴也觉得绝不可行。因为这里涉及儒家和道家的理念之争。嫡长子继承父业，是周宗法制，也是儒家所倡导的君君臣臣父父子子；而兄终弟及，乃殷商之制。道法自然，自然是不反对兄终弟及。特别是窦太后，秉持黄老之学，又有溺爱幼子的心结在里面，所以对窦婴的固执己见，那是相当反感的。

事实上，这就为窦婴之后的仕途之路埋下了一条灰线。表面上看他和窦太后之争是立谁为君的问题，但深层次的问题还在观念上，是黄老治国还是以儒治国？窦婴的仕途在接下来的时日里之所以几经浮沉，就与这种姑侄间的观念冲突有关。

也与景帝的机心有关。事后证明，景帝前三年（前154年）冬十月的家庭宴饮上，窦婴以他的慷慨陈词替其解围，为帝国排除了继承人问题上的隐患，但景帝却依旧以机心待窦婴。窦婴被窦太后除门籍、不得朝请时，景帝不置一词。这或许可以看作是他不敢忤逆母亲、不敢进言之故。但平定七国之乱后，窦婴以大功在仕途上重新崛起，连窦太后都站出来为这个侄子说情时，景帝依旧不愿对其加以重用——窦婴仕途浮沉的复杂性中，人力、天时乃至政治格局都逃不了干系吧。

　　一个帝国仕途特立独行的标本，枯干在景帝前三年（前154年）的冬天里。寒风瑟瑟，窦婴似一个弃子，在政治上既无生气，也无利用价值。但是七国之乱的大事件呼啸而至，没有人知道，他很快要重出江湖，再起波澜了。他的人生有了新的变数。

入局

　　仕途浮沉有定数。定数来自预见和铺垫，来自寻常生活里的态度和处理事情的方式和方法。在这方面晁错和窦婴很相似。不错，他们都是极有个性之人，也都会说些不合时宜的话，但相比之下晁错更激进一些。御史大夫晁错曾多次上书言削藩，称"今削之亦反，不削亦反。削之，其反急，祸小；不削，反迟，祸大"。晁错说这番话的背景是吴王称病不朝，即山铸钱，煮海水为盐，召集天下亡命之徒，蠢蠢欲动。所谓反相已显。公卿、列侯和宗室将这些都看在眼里，却没人敢上言削藩。就像晁错父亲所预料的那样，晁错"侵削诸侯，疏人骨肉，多方树怨"，实在是不聪明。另外，齐、楚和吴三个封国占天下之半，一旦削藩，胜负之局难料。关于这一点，文帝当年也是投鼠忌器，不敢有所作为。当吴王称病不朝、晁错上书论法当诛时，文帝却下不了这个狠手，只是打几杖了事。吴王后来之所以敢开山铸钱，煮海水为盐，召集天下亡命之徒，蠢蠢欲动，其实正是看准了天子的这一点。从文帝时代到景帝时代，尽管藩王们反迹已显，朝廷却一直拿不出一个有效的对策，只有晁错一个人上言削藩，试图一劳永逸。

　　那么，窦婴的反应是什么呢？当公卿、列侯和宗室在景帝面前默不作声时，窦婴公开站出来表示反对。在这里窦婴恰恰再一次表现出了他的个性。公卿、列侯和宗室之所以在景帝面前保持沉默，是因为他们不好表态。如果支持削藩，一旦事败，他们将处境堪忧；如果反对削藩，却又担了坐视藩王们欲反却默许纵容的罪名，而景帝自己还是想有所作为的。正所谓事无绝对，表态就要负责，不表态便是最好的表态了。

在这一点上，窦婴的个性呼之欲出。反对削藩是因为他觉得时机还不够成熟，并非投机之举。至此，他和晁错的命运走向了相反的方向。所谓仕途浮沉便在这一言一念间。接下来，晁错的命运就像他的父亲所预见的那样，先是"疏人骨肉"，景帝采纳晁错的建议，削去楚王的东海和薛郡、赵王的常山以及胶西王的六县。随后吴楚七国发动叛乱，打出"诛晁错、清君侧"的名号。由此，晁错的命运被逼到一个死角——这场战争的胜负直接关系到他的生死存亡，而景帝当时并无必胜把握，同时还存在投机心理。当有人向他建议诛晁错可使吴楚罢兵时，景帝很快就默许了。他的第一个举动是罗织罪名，密令丞相陶青、中尉嘉和廷尉张欧弹劾晁错，称其"不称主上德信，离间群臣百姓，欲以城邑予吴，大逆不道，罪当腰斩"，建议"（晁错）父母、妻子、同产无少长皆弃市"。而景帝接下来顺水推舟，批复同意。至此，御史大夫晁错的性命进入倒计时。几天后，一个中尉奉旨召晁错，不明就里的他着朝服便被斩于东市，成为这场与他有关联的帝国战争危机的第一个买单者。所谓仕途浮沉很多时候意味着生死攸关，窦婴目睹于此，应该深有感触。

所以他下意识采取的一个举动是"避"，逃避的"避"。景帝前三年（前154年）冬十月的家庭宴饮上，窦婴以为自己的仕途画上了句号，但没想到世上事避无可避。晁错被牺牲后，吴王刘濞自称东帝，依旧不肯罢兵。至此，历史将窦婴推向前台，意欲让他成为一起重大事件的主要人物，而当初的伏笔此刻也彰显了出来——景帝想到了窦婴当初的反对削藩，如是，收拾帝国残局的人物非他莫属了，"上察宗室诸窦毋如窦婴贤，乃召婴"（见《史记·魏其武安侯列传》）。可窦婴的态度是怎样的呢？"婴入见，固辞谢病不足任……于是上曰：'天下方有急，王孙宁可让邪？'乃拜婴为大将军，赐金千斤。"此处应该是窦婴仕途的关键节点，被拜为大将军，赐金千斤，从一个被除门籍、不得入朝请的局外人转瞬间走向权力的中心，窦婴的仕途可用一个词来形容——咸鱼翻身。这与平定七国之乱后他被封为魏其侯一脉相承。做了魏其侯的窦婴其实是很风光的。"诸游士宾客争归魏其侯。孝景时，每朝议大事，条侯、魏其侯，诸列侯莫敢与亢礼。"但窦婴真的就此一帆风顺了？事实并非如此。窦婴"任侠、自喜"的性格为其仕途反复奠定逻辑基础，当然也就不被景帝所看好。还在七国反叛、局面危急时，窦婴借口有病，不能胜任平叛工作而招致景帝不满。景帝为此曾说这样的话，"天下正有急难，你怎么可以推辞呢？"可以说窦婴后来即使被封为魏其侯，靠的是战功而不是他耿介的性格。这样一种人生态度在景帝看来当然是危险或者说不讨喜的——很快，窦婴在仕途上的另一场风波就降临了。他不能再上一层楼，终景帝时代，魏其侯窦婴都不能拜相，无疑他遭弃用了……

再出局

　　风波和太子被废有关。景帝四年（前153年）四月，景帝以立长的原则，决定立栗姬所生长子刘荣为太子，同时封刘彻为胶东王。这一年，魏其侯窦婴为太子太傅，即太子的老师。这是一个崇高的职位，仕途中人都以为，如果不出意外，窦婴的前途将一片大好。有战功，有封侯，又有人脉关系或者说预期，所欠缺的只是时机而已。但是三年后，世事有了转折，栗太子被废，为临江王。这大约与栗姬失宠有关，这件发生在景帝七年（前150年）正月的帝国权力场风波毫无疑问深刻地影响了每一个当事人的心情。四个月后，谜底进一步揭晓，王美人被封为皇后，景帝宣布，立其儿子胶东王刘彻为太子。刘荣是刘彻的兄长，景帝立幼废长，按窦婴的性格当然是要据理力争的。《史记·魏其武安侯列传》交代说："魏其数争不能得。魏其谢病屏居蓝田南山之下数月，诸宾客辩士说之，莫能来。"意思是栗太子被废，魏其侯多次为栗太子争辩都没有效果。魏其侯就推说有病，隐居在蓝田县南山下好几个月，许多宾客、辩士都来劝说他，但没有人能说服他回到京城来。

　　事实上也只有窦婴这样性格的人才做得出这种事来。先是争辩，争辩没有效果就罢工。这里窦婴其实犯了两个大忌：一是按他的立场或者位置来说不该争。作为太子太傅，太子被废是要退而避嫌的。哪怕问题真的出在景帝身上，因为喜新厌旧，所以立幼废长，但由当事人窦婴出面来为社稷的伦理纲常来正名，颇有以公谋私之嫌，说服力不够。二是在争的过程中不够光明磊落，夹带了些小动作。刘荣被废固然和母亲栗姬失宠有关，但也与他侵占宗庙地修建宫室有关。按照西汉律令，这是一种重罪了。刘荣因此被传到中尉府受审。审查期间，窦婴偷偷派人送给刘荣刀笔，让他向景帝写争辩材料——案子还没审清，窦婴就不明不白地掺和进来，景帝明白真相后，颇为恼火。

更让景帝恼火的事还在后头。刘荣被废，窦婴以病为由好几个月不来上班，置天子颜面何在？窦婴如此这般的性格注定了他在仕途上是颇为坎坷的。尽管后面有窦太后为其撑腰，自己又战功赫赫，但景帝还是顶着压力拒绝其出任相国。景帝说："太后岂以为臣有爱，不相魏其？魏其者，沾沾自喜耳，多易。难以为相，持重。"意思是太后难道认为我有所吝啬而不让魏其侯当丞相吗？魏其侯这个人骄傲自满，容易自我欣赏，做事草率轻浮，难以出任丞相，担当此重任。

帝国仕途拒绝个性，当然更拒绝个性带来的副产品，就像景帝所称的"沾沾自喜，多易"。他最后用了建陵侯卫绾为丞相。和窦婴相比，卫绾的性格走了另一个极端。中庸平和，讲究无为而治。这个在平定"七国之乱"的战争中因功升为中尉的人在拜相之前还有一个很不好的背景：系废太子刘荣生母栗氏的亲属。本是失势人物，却在仕途意外崛起，刘彻被立为太子后，卫绾竟入了景帝的法眼，先是诏封为太子太傅，随后升为御史大夫，五年后再拜为丞相。他做丞相期间，"朝奏事如职所奏"，不图创新，但求无过。窦婴见了，也只能感叹仕途无情加无耻，自己时运不济罢了。

再入局

　　仕途浮沉不以一波一浪为起伏。窦婴没想到，几重波浪之后，他竟然在武帝时代位居其人生的权力顶峰。建元元年（前140年），武帝拜窦婴为丞相，田蚡为太尉，组建了新的权力格局。这其中其实不是窦婴再立新功，也不是他改了臭脾气，更不是武帝对他格外青睐，靠他来治国平天下，而是田蚡在其中加以斡旋和布局的缘故。

　　这武安侯田蚡说起来也不是等闲之辈，他是汉景帝皇后的同母弟弟，算是国舅了。汉景帝去世，王太后摄政，田蚡和他的弟弟田胜，被分别封为武安侯和周阳侯。所谓新外戚上位，一直未得重用的老外戚窦婴更没戏了。在仕途理想上，谁都看得出来田蚡瞄准的就是相位，但没想到田蚡竟然推荐窦婴出相，自己只做一个太尉。这样的举措貌似很不符合历史逻辑。《史记·魏其武安侯列传》交代说："籍福说武安侯曰：'魏其贵久矣，天下士素归之。今将军初兴，未如魏其，即上以将军为丞相，必让魏其。魏其其为丞相，将军必为太尉。太尉、丞相尊等耳，又有让贤名。'武安侯乃微言风上，于是乃以魏其侯为丞相，武安侯为太尉。"籍福是武安侯田蚡的门客，他出谋划策说："魏其侯显贵已经很久了，天下有才能的人一向归附他。现在您刚刚发迹，不能和魏其侯相比，就是皇上任命您做丞相，也一定要让给魏其侯。魏其侯当丞相，您一定会当太尉。太尉和丞相的尊贵地位是相等的，您还有让相位给贤者的好名声。"这当然是一种布局，其真实意图是谋划于长远，徐而图之。之所以如是布局田蚡也是迫不得已的。其一，因为和魏其侯窦婴相比，田蚡的资历实在是太浅了。当窦婴已是大将军之时，田蚡还只是个郎官，来往于魏其侯家中陪侍宴饮，跪拜起立像子孙辈一样。其二，田蚡是靠王太后上位的，但窦婴依傍的窦老太后还健在，并且资历更高。田蚡想一步到位，实在是困难了些。与其如此，还不如做个顺水人情，布局将来。

就此，窦婴再成权力场上的宠儿，抵达其人生的辉煌点。但世事其兴也勃焉，其亡也速焉。窦婴的个性再次显现出来，这一次，他得罪的人还是窦老太后，以至于自己在仕途上一发不可收拾，迅速下位，结束了其短暂的相国生涯——起因便是倡导儒术、议立明堂，直接触犯了窦老太后的权威和利益。

观念之争便是利益之争。世上事就怕联系和联想。窦婴做丞相后，推举赵绾为御史大夫、王臧为郎中令，同时倡导儒术。这也是武帝所需要的治国理念，但毫无疑问，喜好黄老之学的窦老太后是反对这样做的。只是新帝刚上位，要搞搞新意思和新动作，她不便干涉过多。恰恰在这个博弈点上，窦婴居于敏感地带，动辄得咎。而御史大夫赵绾、郎中令王臧接下来的举措就像一股推力，将窦婴推至矛盾冲突点，欲进不能也欲罢不得——窦婴仕途上的折返点不期而至了。

赵、王二人采取的第一个举措是议立明堂。在古代，明堂是帝王宣明政教的场所，凡朝会、祭祀、庆赏、选士、教学和养老诸典均在此举行。赵、王二人把他们的恩师申培请出山。这个在当时颇有名声的儒学巨子精通古制且极富说服力。在他的影响下，武帝下令"列侯皆就国，以礼为服制"，这是廓清天下的意思，希望列侯们各就各位、各司其职，不要都留在京城无事生非。而矛盾冲突也由此产生了。因为作为一个历史背景需要交代的是，当时的列侯多为外戚，外戚多娶公主，所谓贪恋长安城的繁华富贵，没几个人愿意去封国找苦吃。他们便不约而同地在武帝祖母窦太后面前去诉苦。这样一来，窦太后对窦婴的印象大变，赵、王二人尤被她所厌恶。冲突已是不可避免，需要的只是一个借口或理由罢了。在冲突发生之前，赵、王二人做的两件事进一步激怒了窦太后，以至于情势一发不可收拾。其一是赵绾等人着手制定巡狩、封禅、改历和改服色诸事，完全走以儒代道路线；其二是赵王二人联名上了一个奏章，说按照古代的规矩，妇女不得干预朝政。现在皇上亲自治理天下，什么事都应当自己做主，为何还要去向东宫请示呢？不妥。建议皇上今后不要把政事禀奏给太后。由此，窦太后勃然大怒，以孝道问罪汉武帝，迫其废立明堂，下赵绾、王臧于狱，将窦婴、田蚡罢官——窦婴的国相生涯就此结束，他和倒霉蛋武安侯田蚡一起只能以列侯身份闲居家中，再一次充当了权力场上的看客。

从此以后，窦婴一蹶不振，未能东山再起。就像办公室政治中的悲剧角色一样，在派系势力消长之间，权力的翻云覆雨手将他时而推向顶峰，时而打入谷底。这里面当然有个人能力、机遇乃至性格所起到的综合作用，但仕途曲线图就是这样，先扬后抑，再无向上攀升的可能与空间。而命运的残酷性还在于，它不仅可以剥夺你最重要的东西，甚至还要剥夺你的全部，包括生命。这其中，一个叫灌夫的人开始浮出水面，并且与窦婴的命运生死纠结，可谓我中有你、你中有我，真是令人不胜唏嘘。

最后的起承转合

　　田蚡和窦婴的关系是先恭后倨。前文说过，当窦婴是大将军时，田蚡还只是诸曹郎，在窦婴前行子侄礼，态度极为恭顺。到了窦婴做丞相、田蚡为太尉时，两人的关系开始平起平坐。再说了，田蚡还在心里下一盘更大的棋，着眼于更长远的未来，要将窦婴的丞相位置取而代之，所以这个时候两人的关系变得微妙起来。直至窦太后后发制人，将此二人从仕途上双双拿下，这才从终点又回到起点，相看两不厌，无可奈何哉。

　　只是时势弄人，田蚡竟然东山再起了。建元六年（前135年）六月，窦太后去世，丞相周昌以坐丧事不办之罪名被免，武帝以田蚡为丞相，窦婴依旧在家赋闲。这又回到了办公室政治中的派系势力消长的规则上，田蚡是王皇后的人；窦婴算是窦太后的人，虽然窦太后生前对他时拍时打，但毕竟是太皇太后一系的，辈分高，贡献大，武帝不敢等闲视之。现在窦太后死了，窦婴的失势便是顺理成章之事。事实上，失势也没什么。只要甘于寂寞，不惹是生非，窦婴大约也是可以得一善终的。当时他的个性加上灌夫在其中掺和，直至将其命运彻底改变，并从此走向万劫不复。这或许也是时势使然。

　　灌夫字仲孺，颍阴（今河南省许昌市境内）人。为人刚强直爽，好饮酒，好发酒疯，并多次因为喝酒惹出祸端。武帝刚即位时，对他还是很器重的，调任其为淮阳太守。因为武帝认为淮阳是重要的交通枢纽，必须驻扎强大的兵力加以防守，而灌夫颇有战功，所以让他担此重任。只是灌夫自己不争气。建元二年（前139年），他与长乐卫尉窦甫喝酒，喝醉了，酒后打了对方。这窦甫是窦太后的兄弟。挨了打，窦太后是不会善罢甘休的。武帝也是好意，怕窦太后杀灌夫，忙调他任燕国国相。可几年以后灌夫又惹事了，在燕国犯法，国相也做不成了。丢官后回到长安，闲居在家中。这一点其实和窦婴早期的经历很像。窦婴曾任吴国国相，后因个性问题去职。说起来两个都是耿介之人，命运其实大同小异。

两个人因此便走到了一起。《史记·魏其武安侯列传》如是描述两个失势者的相识过程："及魏其侯失势，亦欲倚灌夫，引绳批根生平慕之后弃之者。灌夫亦倚魏其而通列侯宗室为名高。两人相为引重，其游如父子然，相得欢甚，无厌，恨相知晚也。""恨相知晚"一语说明了他们在个性上的惺惺相惜。而此后两人肯为对方抛头颅洒热血，实在是有其情感和性格基础的。

纠结的线头从田蚡差点爽约开始，田蚡、窦婴和灌夫三者的复杂关系一直影响并且最终改变每一个当事人的命运。而这其中，窦婴的命运改变尤为触目惊心。起初，田蚡见灌夫丧服在身，和他客气地说："我想和你一起去拜访魏其侯，恰恰你现在服丧不便前往。"一般的人要是聪明一点都知道这是敷衍之语，田蚡并不是真心想去拜访窦婴，但问题是灌夫他信以为真了，马上回去告知窦婴此事。窦婴也信以为真，他和夫人为迎接丞相的到来，特地多买了肉和酒，还连夜打扫房子，布置帷帐，做好酒宴的准备工作——但悲剧随后发生了，田蚡并没有来。当年那个在窦婴前行子侄礼、态度极为恭顺的诸曹郎此刻正在家醉卧，他向前来催其赴宴的灌夫如是说："吾昨日醉，忽忘与仲孺言。"明摆着不把拜访魏其侯窦婴一事放在心上。但灌夫的确不是一般人，明知田蚡无心赴宴，偏偏赶鸭子上架，催促其驾车前往。由此，田蚡对灌夫的恶劣印象开始形成。作为心里不爽的一种外在反应，田蚡故意走得很慢，灌夫很生气却又无可奈何。另外，田蚡不情愿地到了窦婴处喝酒，灌夫为活跃气氛，邀请田蚡站起来和他一起跳舞。田蚡却拒绝了，并未起身。灌夫为报复，便在酒宴上当着窦婴的面讽刺田蚡。所谓"夫从坐上语侵之"。由此，田蚡对灌夫的恶劣印象进一步加深，并波及窦婴。尽管随后窦婴马上扶灌夫离去，同时向田蚡表示歉意，但纠结关系已然形成。窦婴的悲剧命运用"起承转合"来描述的话，此一阶段我们不妨称之为"起"。

"承"是接下来的"田蚡索田"事件。《史记·魏其武安侯列传》中这样描述："丞相尝使籍福请魏其城南田，魏其大望曰：'老仆虽弃，将军虽贵，宁可以势夺乎？'不许。灌夫闻，怒骂籍福。"在"田蚡索田"事件里，窦婴和灌夫的反应几乎没什么区别。"魏其大望"的意思是魏其侯大为怨恨。而灌夫更为粗鲁和直接一些——闻而怒骂。这与田蚡赴宴时窦婴和灌夫截然不同的反应形成鲜明对比，说明窦婴在"承"的阶段情绪开始失控，不惜与田蚡硬碰硬。但历史的精彩之处却在于，它没有让高潮马上到来。串场人物籍福在其中斡旋，让一触即发的局势暂时平复下来。籍福没有将窦婴的原话告知田蚡，而是编好话说："魏其侯年事已高，就快死了，还不能忍耐吗？姑且等着吧！"只是世上没有不透风的墙，田蚡很快就知道窦婴和灌夫对他所说的强硬话语，他其实也是颇感委屈的，因为在此之前，窦婴的儿子曾经杀人，他是救了对方性命的——"魏其子尝杀人，蚡活之。蚡事魏其，无所不可，何爱数顷田？且灌夫何与也？吾不敢复求田！"最后一句"吾不敢复求田"是意气用语，不是不敢，而是心里窝着一口气，并且这口气很快就要发出来。这是"承"的第一阶段。

"承"的第二阶段是双方开始交锋。这个交锋虽然意在窦婴，手段却用在灌夫身上，所谓曲径通幽。这灌夫是江湖中人，喜欢交朋结友，虽然失势了，跟着他的食客也有上百人，宗族宾客横行于颍川（今河南省许昌市境内），也做了不少非法的事。田蚡抓住颍川儿歌中的"颍水清，灌氏宁；颍水浊，灌氏族"向武帝报告要打击农村黑恶势力。武帝大概也是懒得再管这件事，就含糊其词地对田蚡说："此丞相事，何请？"意思是这是你做丞相的职责，何必请示我呢？你自己看着办吧。因此，田蚡获得了对此事的自由裁量权，意欲对灌夫下狠手。

灌夫也不是吃素的。他抓住建元二年（前139年）田蚡受金一事相威胁，使其不敢轻举妄动。这个事情实在是太过敏感了，以至于后来武帝得知真相后咬牙切齿地说："使武安侯在者，族矣。"意思是如果武安侯还活着的话，该灭族了。所谓田蚡受金是指田蚡接受淮南王刘安遗赠的大量金钱财物。起因是刘安入朝，时为太尉的武安侯田蚡迎于霸上，并对其说："上未有太子，大王是高皇帝的亲孙，行仁义，天下闻名。设若宫车一日晏驾，就一定会迎立大王为帝。"这个话说得太过露骨，几乎涉嫌谋反了。刘安听后十分高兴，赠金引为同类。田蚡自以为此事做得很隐秘，却偏偏被灌夫获知，成为其把柄。由此，博弈的均势开始达成。这是一种动态平衡。田蚡投鼠忌器，不敢有所作为。灌夫和窦婴的命运暂时无忧，"承"的第二阶段到此结束。

承接完了之后是"转"。"转"的一个标志性事件是"灌夫骂座"。从灌夫邀宴到助阵再到骂座，他和田蚡的矛盾冲突一步步深化，而窦婴被裹挟其中，为个"义"字也为个"理"字不由自主地与田蚡较量，直至最后身首异处，所有的过程其实都是被动的或者说被动之后才采取的主动。这些都有迹可循。总之，窦婴命运曲线的生死转折点出现在灌夫骂座之后，灌夫骂座可以说是灌夫桀骜不驯个性的总爆发，也是田蚡突破底线欲置其于死地的原因所在。而所有这些，都与窦婴最后的悲剧命运休戚相关。这件事的经过是这样的：田蚡要娶燕王的女儿当夫人，太后下了诏令，命列侯和皇族都前去祝贺。魏其侯窦婴自然也在名单上。尽管他与田蚡有隙，可太后的诏令是不能违抗的，他也打算去。但节外生枝的一点在于，窦婴私自邀灌夫同去。或许是壮胆，或许是宴席无聊他要找个意气相投的朋友同行聊以解闷，总之，窦婴的选择有他个人的隐秘原因。没有人知道祸端就埋藏在这里。灌夫醉酒闹事不是一两次了，他自己这次意外地也有自知之明，说："夫数以酒失得过丞相，丞相今者又与夫有郤。"意思是我多次因为酒醉失礼而得罪了丞相，丞相近来又和我有嫌隙。所以还是不去为好。窦婴怎么回答他的？窦婴说"事情已经和解了"，但去无妨。

　　就这样，命运的凶兆已是若隐若现，只是窦婴本人并未看到。果然，在酒宴上，灌夫出事了。先是看到众人趋炎附势，丞相田蚡敬酒时全都毕恭毕敬；窦婴敬酒时很多人只是稍微欠了欠上身，态度敷衍得很。灌夫看了，当然很不高兴。随后，他自己主动站起来向田蚡敬酒，田蚡不仅没喝满杯，还照常坐在那里，明显没把他放在眼里。由此灌夫怒形于色，并找茬儿骂临汝侯将酒局搅乱。事实上，事情发展到这个地步还有挽回的余地，窦婴也的确做出了他的努力——他站起来离开，同时挥手示意灌夫也跟着出来。灌夫却没有这样做，而是跟田蚡顶撞起来，于是被捕，罪名是在宴席上辱骂宾客，侮辱诏令，"不敬"。灌夫的命运接下来急转直下，自己被关押，"灌氏之属，皆得弃市罪"，情势万分危急。

　　窦婴回府后着手相救。命运的凶兆至此已是狰狞初显。这一点他的夫人也已经感觉到了，她劝窦婴："灌将军得罪了丞相，和太后家的人作对，怎么救得了？"意思是到时别把自己也赔进去。而窦婴却回答道："侯自我得之，自我捐之，无所恨。且终不令仲孺独死，婴独生！"摆出一副大义凛然、视死如归的神情。

　　其实，窦婴救灌夫的举措如果中规中矩，让田蚡没什么把柄好抓，也不至于有性命之忧。但历史的残酷性却在于，它往往把最极端的一面推到世人面前，非此即彼，非生即死，不走中间路线。窦婴先是和田蚡争辩，说灌夫只是酗酒获罪，没什么大不了的。田蚡却坚持灌夫犯的是大逆不道之罪，罪不可恕。窦婴接着攻击田蚡的短处，田蚡针锋相对说："蚡所爱倡优巧匠之属，不如魏其、灌夫日夜招聚天下豪杰壮士与论议，腹诽而心谤，不仰视天而俯画地，辟倪两宫间，幸天下有变而欲有大功。臣乃不知魏其等所为。"直接陷窦婴和灌夫于不义。

　　当然，由于没有真凭实据，武帝没有直接裁判此事，对窦婴没有深加追究。倘若窦婴此时知难而退或者说全身而退，灌夫或许不保，而他自己当性命无忧。但紧接着一个人的出现让这件事情的性质发生了变化——王太后。

她在宫中对武帝发火说："今我在也，而人皆藉吾弟，令我百岁后，皆鱼肉之矣。"意思是现在我还活着，别人竟敢都作践我的弟弟，假若我死了以后，都会像宰割鱼肉那样宰割他了。由此武帝下令追查窦婴言行，并从他为灌夫辩护的诸多事情中找出漏洞和破绽，将其拘禁在一所名叫都司空的特别监狱里。

窦婴至此命悬一线。对手的力量太过强大，自己又为"义"字所困，如今身险囹圄了。从救人到自救，这个仕途上的失意者做出了他本能的动作——让其侄子向武帝报告他手上有一份景帝遗诏，上书"事有不便，以便宜论上"等字眼。这大约是护身符了，窦婴手上若真有此诏，武帝自然不敢随意处置他。但悲剧发生了。窦婴声称的景帝遗诏在宫中并无存档。这道诏书只封藏在他的家中，并且是由其家人盖印加封的。如此，窦婴便有伪造先帝诏书的嫌疑，罪当问斩——窦婴的自救之举简直是自找死路。当然，没有确凿的证据可以证伪或者证真，历史在这里犯了程序错误——也许景帝遗诏确实存在，只是手续不全罢了，但这样的程序错误是需要有一个当事人来埋单的。很遗憾，这个当事人便是窦婴。

元光四年（前131年）冬月，窦婴被判死罪，弃于渭城。一个帝国仕途浮沉的标本至此走完了他的起承转合，有跌宕有起伏，有高潮有低潮，曲线堪称淋漓尽致，了无缺憾。

第 3 章

赵普：三度为相背后的出招与变招

临场应变

　　后周太祖显德七年（960年）之前，年近四十的赵普在同州（今陕西省大荔县）、宋州（今河南省商丘县南）节度使赵匡胤手下做一名推官兼掌书记，仕途一直暗淡无光。后周的掌书记为掌管一路军政、民政机关之机要秘书，推官也只相当于赵匡胤办公室的高级秘书人员，总之并无多大实权。此前，赵普虽然被永兴军节度使刘词以及宰相范质推荐，当过一些类似于军事判官的职务，但仕途并没有就此发达起来。根据史书记载，这个读书不多的河北蓟县人"善吏道"，懂得为官之道。但很奇怪的是，他快四十岁了依旧没有任何发达的迹象，始终是一个小吏或者说谋士的角色。赵匡胤做同、宋地区的最高行政领导人时，赵普在外人眼里也没做出什么惊天动地的大事来。倒是赵匡胤对他有些另眼相看，"尝与语，奇之"（见《宋史·赵普传》）——赵匡胤和他交谈，觉得他算是个奇人。可奇人并没有奇事。赵普在此期间做的一件令人印象深刻的事情是审案公明。不放过一个坏人，也不冤枉一个好人。某次，在赵匡胤的辖区抓获一个盗窃团伙，犯案人员达一百多人。由于此团伙作恶多端，罪行重大，初审的结果是"按罪当弃市"，这一百多人全要砍头。赵普在二审时怀疑其中可能有无辜之人，便一一核实，最后实行的政策是"首恶必办，协从不问"，释放了其中的大多数人。不过，这个案子虽然办得令众人心服口服，但仅此而已。作为一名推官兼掌书记，赵普可谓称职或者说优秀的。只是这样的一个评价更让他悲凉。因为从字面上理解，一个称职或者说优秀的推官兼掌书记恰恰说明他在仕途上不可能有更大的发展，做好本职工作而已。

但是，显德七年（960年）的正月让一切都变得不确定起来。或者更好，或者更糟。显德六年六月，后周世宗生病去世，其年仅七岁的儿子柴宗训即位。节度使赵匡胤临危受命，担任殿前都检点一职，执掌护卫皇帝之禁军，可以说深受信任。显德六年年底，一个传言在都城开封悄悄流传，说是契丹将勾结北汉入侵后周，帝国局势岌岌可危，所以显德七年一开年，正月才刚刚开始，宰相范质就代主行政，派赵匡胤率军北征。即便至此，对帝国及后世都产生重大影响的诡异迹象其实还没有显现出来。局势至此还是可控的，在赵普眼里，这不过是一次正常的军事行动，而赵匡胤身经百战，此行不至于轻易败北。当然另一层意思赵普没有说出口，那就是作为谋士，赵普相信自己的能力足以应付一切，认为一切尽在掌握中。

兵行开封东北方向四十里地的陈桥驿时，赵普感觉有某种东西开始起变化了。一件杏黄色龙袍在某个清晨被兵士强披在宿酒未消、看上去惊慌失措的赵匡胤身上。兵变发生了，历史在这一刻凝固。赵匡胤面临着两难选择，同样赵普也面临着两难选择——是促成此事还是反对此事，直接关系着他的命运。当时的情形是乱糟糟的，所谓"有组织、没纪律"。有人跃跃欲试，有人居心叵测，只是群龙无首，因为赵匡胤自己也不知如何是好。赵普发话了，他说："策立，大事也，固宜审图，尔等何得便肆狂悖。"此话确立了他在乱局中的意见领袖地位，表明赵普想主导事件走向的意图。果然，人群安静了下来，众人将目光投向这个能替大伙拿主意的谋士身上。赵普接下来又道："兴王易姓，虽云天命，实系人心。前军昨已过河，节度使各据方面，京城若乱，不惟外寇愈深，四方必转生变。若能严敕军士，勿令剽劫，都城人心不摇，则四方自然宁谧，诸将亦可长保富贵矣。"（见《续资治通鉴长编》卷一）赵普这话既强调了人心的重要，又分析了当前的形势——在契丹勾结北汉入侵后周的紧要关头发生兵变，实在是易生变数之举。特别是"节度使各据方面"，对赵匡胤兵变态度究竟如何，没人可以预测，此变数之一；变数之二是京城如果乱起来的话，局面就不可收拾了。所以关键的一点——兵变既已发生，就必须先保证自己的队伍人心不乱。赵普在兵变的关键时刻洞悉幽微，颇具意见领袖的内在素质和临场应变能力。

其实这些都还是浅层的逻辑分析。历史向来不相信逻辑而相信情境。当时的历史背景是五代十国乱世，谁有头脑和实力谁就称王。后汉存在仅仅四年，郭威就在赵匡胤的辅助下即位，建立后周。这期间，后周败北汉，攻南唐，击辽国，夺回燕云十六州中的两州，表现十分抢眼。当然其中的明星人物非赵匡胤莫属。此次兵变之所以会发生，既有赵匡胤的实力在起作用，也有后周幼主上位，对众将或者说局势制约乏力有关。赵普当此历史关头，觉得胜算颇大，自然是要努力促成此事，要为自己的仕途发展着想。

当然还有一点，当时留守京城的殿前都指挥使石守信和殿前都虞侯王审琦与赵匡胤私交不错，都不是忠于后周的人物。兵变既已发生，若派人回京对他们晓以利害，自可免去干戈之患。赵普向赵匡胤建议，派衙队军使（相当于宪兵司令官）郭延赟骑快马连夜回京师，让石守信和王审琦做好接应工作。赵匡胤同意了，由此，兵变离成功只有一步之遥。尽管回京后赵匡胤还需面对范质、王溥这两个辅政大臣的诘难，但枪杆子里面出政权，两人也只能识时务者为俊杰。

陈桥兵变后开始论功行赏，宰相范质、王溥分别加侍中（魏晋以后，侍中多为事实上的宰相）、司空（司空主管礼仪、德化、祭祀等，为三公之一，是一种崇高的虚衔），继续在新朝里得到重用，而赵普却仅得了个右谏议大夫、充枢密直学士这样一个正四品下、掌谏议得失的清闲官职。众人都为赵普叫屈，赵普心下却明白，这其实是赵匡胤的一个心计：一方面后周文武百官的人心需要安抚，前宰相范质、王溥安排什么样的位置，关系着新朝政局的稳定；

另一方面赵匡胤是给赵普一个考验，我故意赏不抵功，看你作何反应。人生的路很长，仕途也总是坎坷的，最重要的是人心——熬不熬得住，能不能受得了委屈，一切都需慢慢观察。

仕途表演秀

　　赵普熬下来了。《宋史·赵普传》记载"普性深沉有岸谷"，所谓性情沉着、严肃刚正，很是不动声色。这也是帝国官员在仕途上得以走得长远的基本素质；并且赵普抓住机会，更上层楼。我们看他接下来的表现。赵匡胤"陈桥兵变"后一百天左右，后周时义成军节度使李筠勾结北汉刘钧起兵反宋。这李筠和后周郭氏之间有君臣知遇之恩，所以赵匡胤以非正常手段上位，李筠是心存不满的。这一点也暗合了赵普的担忧，"节度使各据方面"，对赵匡胤兵变态度各自心怀叵测，新政权的维稳工作任重道远啊。当然对赵普来说，这也是他的机遇。只有非常事件，才用非常手段。此前四十年的人生，说到底是没有一个合适他的舞台罢了。他建议赵匡胤，要御驾亲征，把打击李筠反叛事件当典型来抓，杀一儆百。赵普建议赵匡胤说："陛下初登宝位，应天顺人，将制晓雄，光耀神武，兵机贵速，不尚巧迟，若倍道兼行，掩其仓卒，所谓自天而下，可一战而成擒也。"　（见杜大珪《名臣碑传琬琰集》卷一）

　　赵普的建议表面上看气势磅礴，充满战无不胜、攻无不克的气概，实际上是在走钢丝。因为李筠作为后周时代的大将，表现实在不俗。从显德二年到显德六年（955年—959年）的四年间，他先后率军攻下辽州（今山西省左权县）与长清寨等军事要地，俘获北汉的刺史、大将达数百名。也正因为如此，周世宗才拜其为太尉。而李筠对后周王朝也忠心耿耿，赵匡胤建立宋朝后，曾派遣使者至李筠处，封其为中书令，这是夺其兵权，让他到中央工作的意思。

而李筠是怎么反应的？他当着使者的面把后周太祖的画像挂在墙上，然后号啕大哭。此情此景，反迹已现。当然李筠造反的标志性事件还在向北汉睿宗称臣上，他并且派人杀死宋朝泽州的刺使张福，出兵占据泽州城（今山西省晋城市）。在此险恶形势下，赵普建议赵匡胤御驾亲征，风险不是一般的大。因为当时北汉睿宗已经率兵前来支援李筠，相约联合伐宋。那么，赵普怎样才能做到万无一失，让赵匡胤安然无恙的呢？

谋士赵普没有十成的把握，甚至连九成的把握都没有。他之所以如是建议是基于两点：一是出于道义。赵匡胤以非正常手段上位，虽然于道义上有亏，但相比较于李筠的认贼作父、引狼入室，却又可以占据舆论优势。二是基于实力。宋朝虽然刚刚成立，和李筠作战却是以全国敌一隅，而李筠只是义成军节度使，即便北汉睿宗号称也要出兵伐宋，但二者的终极利益并不一致。说到底，只是相互利用罢了。李筠试图利用北汉兵报恩于郭氏，北汉睿宗也深知李筠非其利益相关方，一旦功成，弄不好会反咬一口，倒戈伐汉的，因此，他不能不留一手。果然，历史的发展或者说推进正如赵普所料。北汉睿宗出兵后，密令宣徽使卢赞监督李筠的部队，防止其坐大。李筠无奈，只得分兵与儿子李守节守卫上党（今山西省长治市），自己率兵南征北宋——合力未成反而分力，战事再无悬念。赵匡胤御驾亲征，先是会同石守信打败了李筠的三万主力部队，然后在泽州逼迫李筠赴火自焚——赵普的建议至此完美收官。赵匡胤的御驾亲征所具备的政治意义远胜于军事意义，赵普的远见卓识，毫无疑问可以为其仕途进步加分的。

三个月后，又一支队伍开始反叛，它便是后周太祖郭威之外甥、驻扎扬州的淮南道节度使李重进所部。赵匡胤下令平叛，效果竟是不彰。原来这李重进算是后周贵戚，手下多死党；再一个原因是石守信、王审琦等征讨部队多由后周将士组成。以原后周之将士攻后周之贵戚，免不了缩手缩脚，心存顾忌，竟然久攻不下。在此情境下，赵普再一次建议赵匡胤御驾亲征。《长编》卷一记载赵普所说的话是"李重进……凭恃长淮，缮修孤垒……士卒离心……

计谋不用。外绝救援，内乏资粮，急巩亦取，缓攻亦取。兵法尚速，不如速取之"。

的确，赵普之所以如此建议，是因为他看到扬州是一座孤城，粮草本不宽裕。李重进曾求援于南唐，遭拒。正所谓内乏粮草外无救援，城陷是迟早的事情。既然军事胜利毫无悬念，为何不给它加上一层政治含义呢？赵普建议赵匡胤御驾亲征，大约也是出于造神运动的需要。其心机，也是深不可测了。果然，赵匡胤在扬州城下督军攻城没两天时间，李重进就像李筠一样，自焚而死。扬州城陷，叛乱被平定了。

这两场发生在北宋开国年间的平叛战争成了赵普仕途上的表演秀。他不仅献策，而且和赵匡胤一样亲征，始终做到在现场，在每一个节点都发出自己的声音。在平定李筠叛乱时，赵匡胤准备亲征，欲留赵普在后方筹集粮草，但赵普还是争取随侍左右。一方面他要出谋划策，另一方面也表达自己的信心和支持。正所谓用心良苦。由此，赵普的职务有了变动，从一个正四品下的闲官跃居为正三品的国防部副部长（兵部侍郎）兼枢密副使。最重要的是赵普赢得了赵匡胤的信任。这种信任是赵匡胤对其能力的肯定，而赵普也注定要在仕途上大放异彩了。

情景喜剧

　　赵普在仕途上的过人之处是准确地洞悉领导者的心头隐患，并且及时提供一揽子解决方案。李筠及李重进的叛乱平定后，赵匡胤的眉头并没有舒展开来。因为这两者都是个案，靠御驾亲征才得以解决。赵匡胤难以想象，帝国境内那么多节度使要是一夜间都反叛了，他即便再次御驾亲征也分身乏术。为此，赵匡胤面临一个制度困惑——"天下自唐季以来，数十年间，帝王凡易八姓，战斗不息，生民涂地，其故何也？"他向赵普发出疑问，到底是什么原因造成"帝王轮流做、明年到我家"的局面呢？如果人人都可以凭实力轻易上位，那他赵匡胤恐怕也只能是唐朝以来的第九个"领三五年风骚"的过渡皇帝罢了……

　　赵匡胤的疑问确实太过沉重，也是一个技术含量极高的问题。这样的问题相信在五代十国诸多旋上旋下的所谓皇帝心头也曾经一闪而过，只是没人给他们一个答案罢了。但这次，情形却是颇为不同，因为赵普回答了。赵普说："此非他故，方镇太重，君弱臣强而已。今所以治之，亦无他奇巧，惟稍夺其权，制其钱谷，收其精兵，则天下自安矣。"赵普这番话的关键词是"稍夺其权，制其钱谷，收其精兵"这十二个字。他没想到，这十二个字竟然奠定了一个王朝长达三百二十年的行政风格和内敛气质，其威力和功效远胜于他的两次劝赵匡胤御驾亲征的献策。因为后者是解决一城一池得失的问题，前者事关江山社稷的长治久安，是给帝国隐患开药方。很显然，赵匡胤是很认同这副药方的。《长编》卷二记载，赵匡胤没等赵普把话说完，马上抢答："卿无复言，吾已喻矣。"可谓惺惺相惜了。

领悟力高是一回事，真的身体力行却是另一回事。赵匡胤设想中要夺权的对象是一些地方节度使，并不包括统领禁军的石守信、王审琦、高怀德等将领。在这一点上，赵匡胤似乎还有妇人之仁，毕竟在陈桥兵变的过程中，他们都是得力的帮手，自己不忍心做过河拆桥的事情。所以赵普几次暗示他要将石守信这些实力派将领"授以他职"，赵匡胤都以他们与自己亲厚，"彼等必不吾叛，卿何忧？"意思是他们肯定不会背叛我的，你又为何担忧呢？赵普正色道："臣亦不忧其叛也。然熟观数人者，皆非统御才，恐不能制服其下。苟不能制服其下，则军伍间万一有作孽者，彼临时亦不得自由耳。"（见《长编》卷二）赵普这番话可谓拨云见日，让赵匡胤终于下定决心采取行动。建隆二年（961年）七月，"杯酒释兵权"的好戏上演。赵匡胤设宴招待石守信、高怀德、王审琦、张令锋和赵彦徽等高级将领。一番旁敲侧击之后，石守信等人终于顿悟。第二天，他们都上了奏章，以患病为由求退。八年后，赵匡胤以同样手法解除了包括王彦超、武行德、郭从仪、白重赞和杨延璋等驻守藩镇的节度使将领的职务，帝国的隐患就此消除。归根溯源，赵普功莫大焉。

建隆三年（962年），赵普被晋升为枢密使、检校太保。这枢密使同门下平章事等共同负责军国要政，可以说是对其原先担任的国防部副部长（兵部侍郎）一职的转正。赵普仕途至此，堪称帝国的实力派人物。而赵匡胤也对他更加器重，曾留下雪夜访赵普的佳话。事实上自乾德二年（964年）起，赵匡胤几乎日夜离不开赵普，白天上朝需要，退朝后赵匡胤有什么不明白的地方，也跑到赵普家去虚心请教，而赵普也是有问必答，为国事操劳毫无怨言，两人共同演绎了一出君臣相知进而相欢的情景喜剧。这一年的一个雪夜，大雪没膝，赵普以为赵匡胤肯定不会来访，但后者还是偕其弟赵光义上门向其讨教军国大事。赵匡胤称呼赵普的妻子为嫂子，三个男人设垫席地而坐，边吃烤肉边饮酒，赵普对赵匡胤说："太原当西北二面，我军若下太原，边患由我独当，臣意不如先征他国，待诸国削平；区区弹丸之地，垂手可得。"而赵匡胤却大笑着说道："英雄所见略同，朕特试试你。"好一句"英雄所见略同"，这说明赵普在他心目中，地位是崇高的；而他称呼赵普的妻子为嫂子，也反映了他对这个男人的亲近与敬重。历史的剧情行进至此，赵普的仕途可谓一帆风顺。同样是在这一年，赵匡胤免去了范质、王溥和魏仁甫三相的职务，任命赵普为门下侍郎、平章事，实际上这就是宰相职位了。赵普第一次为相。应该说这是水到渠成的。

但是赵匡胤的机心若有若无。赵普虽然高居相位，可与此同时，赵匡胤宣布兵部侍郎薛居正、吕余庆并本官参知政事，宋朝自此开始设置参知政事。赵匡胤的目的很明确——为了防止赵普一枝独大，以参知政事来分宰相之权。要命的是，赵普并不懂得韬光养晦以敛自身锋芒，反而直言犯上，无所顾忌。《东都事略·赵普传》里记载的一个故事是这样的：赵普选择官吏，推荐了两位大臣的名字给赵匡胤，赵匡胤觉得不合适，决定不用。但第二天，赵普把这两人的名字又上报了，赵匡胤还是不用，并且脸色有些变了。到了第三天，不知趣的赵普依旧将同样的名字上报给赵匡胤，赵匡胤勃然大怒，一把将奏纸撕毁，扔到地上。可赵普是不达目的决不罢休。他将那些撕碎的奏纸慢慢拾起，回家粘补好于第四天再次奏上，赵匡胤无可奈何，只得用了这两个人才做罢，当然心里是颇为不快的。赵普如此行事作风，一方面固然是恃宠，另一方面也体现了他不懂变通的性格。他的仕途浮沉便有了合理而清晰的逻辑基础，当然另外一个推力其实也不可小视，那就是赵普在"金匮之盟"中的角色、态度与立场变迁，这是赵普后来仕途几经浮沉的一个重要因素。在帝王的立嗣之争中，赵普身处险境，可以说是步步杀机。他出招也变招，人性的复杂多变在其出招变招中一览无遗。赵普的仕途，自此有了起承转合的层次感和立体感，看点多多，引人入胜。

马屁拍在马蹄上

　　"金匮之盟"是一个历史疑案。在建隆二年（961年）的历史现场，真正的主角有三个人：赵匡胤的生母杜太后、赵匡胤和赵普。这一年杜太后病危，要立遗嘱，特召赵匡胤入见，赵普入记遗命。《宋史·杜太后传》里记载，杜太后当着赵普的面对儿子赵匡胤说："你百岁之后，当传位于光义。光义传位于光美，光美再传位于德昭。四海之大，如能立长君，则社稷无忧了。"太祖（赵匡胤）顿首泣道："敢不如教诲！"赵匡胤"顿首而泣"，含义可谓复杂。"敢不如教诲！"的话里既有孝道，也有委屈、不忍、不舍和难与人言的不弃——这里我们需对杜太后话语中的人物关系做一个梳理。赵匡胤的母亲杜氏育有三子，长子赵匡胤、二子赵光(避匡字讳)义、三子赵光(避匡字讳)美，杜太后的意思是为了吸取后周亡于幼主当政的教训，新成立的王朝要实行"立长制"。这里所说的"立长制"既不是父终子及的嫡长制，也不是完全的兄终弟及制度。因为杜太后最后所说的"光美再传位于德昭"之德昭，是赵匡胤的次子（赵匡胤长子赵德秀早亡）赵德昭，他和赵光美是叔侄关系。建隆二年（961年），杜太后遗嘱中提及的四个男人年龄分别是赵匡胤三十四岁、赵光义二十二岁，赵光美十四岁、赵德昭十岁，差不多形成一个以十岁左右为进阶的年龄梯队。在杜太后的算盘里，赵匡胤百年之后，他的帝位继承人都已经成人，顺序而上，当可保大宋帝国江山不失。对于这样的制度设计，杜太后似乎很满意。她转头对赵普说："尔同记吾言，不可违也。"《宋史·杜太后传》接下来记载，赵普在床榻前写下遗嘱，还在遗嘱的最后写上"臣普书"。杜太后便把这份寄托她希望的遗嘱藏在金匮（黄金做的箱子）里，并令"谨密"（谨慎）的官人掌管它。

作为"金匮之盟"的历史见证人，赵普的心情可谓百味杂陈。表面上看，杜太后的遗嘱貌似帝位承续的合理解决方案，但赵普以为，麻烦大了。因为以年龄差异或者说纯粹的血统关系而不是能力优劣来重新构架嗣位制度，势必会引发矛盾冲突，导致祸起萧墙，甚至兄弟间手足相残。这样的代价，不是一个新政权可以承受的。当然这是笼统的说法，具体到他赵普个人而言，似乎也面临一个无所适从的问题。当帝位之争纷起、胜负未定之时，作为帝国权力场上的毂中人，赵普该如何出招和变招，才能赢得自身最大利益，以趋利避害呢？

这是一个悬念，也是两难的选择。同样，这样的两难选择使赵普以为赵匡胤也难以逃脱。大宋江山虽然从严格意义上说不是打下来的，是兵变的产物，但后期平叛及统一天下等诸多战争，赵匡胤也是浴血奋战、身经百战的。所以大宋江山的产权人说到底还是赵匡胤。从纯粹的血统关系出发，赵匡胤或许希望由自己的儿子来承续帝位。当然这只是赵普的个人推测，因为赵匡胤在他面前从来没有流露出对"金匮之盟"的不满言论。这是帝王之家的最高隐私。终赵匡胤一世，他都没有对赵光义透露这个消息。赵普作为外人，自然不便过多干涉。

他只是暗自揣测，并且默默采取行动以支持赵匡胤。这其中符彦卿任职事件曲折地反映了赵普的机心。符彦卿出身于武将世家，祖父是吴王符楚，父亲是秦王符存审。兄弟九人都是镇守一方的军事将领。值得一提的是大哥符彦超是安远军节度使，二哥符彦饶是忠正军节度使，符彦卿自己是天雄（治魏州，今河北省大名北）节度使，能力超群。《宋史》有关符彦卿的传记里记载了他曾经率领数百人把著名的骑兵将领、北宋开国名将高怀德的父亲高行周从数万契丹人的包围中营救出来，以至于契丹人对他敬若神明等情况。基于这样的一种状况，乾德元年（963年）二月，赵匡胤趁符彦卿到京城开封朝见的机会，准备对其委以重任，让他典掌禁军。

　　这的确是一项非同寻常的任命。因为一般情况下，典掌禁军一职，非自己的亲信担当不可，实力倒还在其次。符彦卿是赵匡胤的亲信吗？绝对不是。此人的三个女儿都嫁得极好。一个女儿先嫁给大将军李守贞之子李崇训，后被柴荣纳为继室，号称符皇后；另两个女儿也差不多是母仪天下的人物，其中一个恰恰嫁给了赵光义，所以从亲缘关系上说，符彦卿是赵光义的岳父。赵普私下里认为，符彦卿典掌禁军后，一旦和赵光义有所密谋的话，局面将不堪收拾。

　　只是赵匡胤对这层内在的逻辑关系熟视无睹。他似乎毫无为自己防备的意思。《宋会要辑稿》职官三八之一记载：赵普以为彦卿名位已盛，不可复委以柄，屡谏，（赵匡胤）不听。最后赵匡胤还反问赵普说："卿苦疑彦卿，何也，朕待彦卿至厚，彦卿岂能负朕邪？"而赵普一语惊醒梦中人："陛下何以负周世宗？"意思是那陛下您为什么就背叛了周世宗呢？赵匡胤默然，无言以对，最后总算没有让符彦卿典掌禁军。

　　事实上，从这件微妙的事情出发，赵普的仕途蹉跎已然成为定局。他为赵匡胤着想，但赵匡胤却没有为自己着想。他心里暗自认可了弟弟赵光义将来接班的事实。目标路径的偏差决定了赵普在赵匡胤时代未能找到自己合适的定位，而在后赵匡胤时代，他的个人命运将与凶险相伴，因为其所作所为，赵光义是看在眼里的。乾德二年（964年），赵普又做了一件令赵光义颇为不快的事情，即阻止赵匡胤对其封王。赵普之所以这么做，原因很简单，那就是他认为皇子、皇弟不能同时封王，否则，赵光义的地位将在皇子赵德昭之上。这一年，赵匡胤是打算同时封赵光义和赵德昭为王的。赵普其实做宰相时间还不长，但在隐秘的皇位之争中，他立场鲜明，再一次站到了态度暧昧的赵匡胤一边，几乎公然与赵光义为敌了。

　　赵匡胤却并不领情。虽然封王程序在赵普的搅合下被暂时搁置了，他却没有对赵普有所褒奖。每天，上朝的宰相赵普后面站着尚未封王的赵光义（在级别上赵普已经高过赵光义），前头龙椅上坐着高深莫测的皇帝赵匡胤，日子实在是过得没有安全感。这个时代，谁是谁的保护神呢？赵普心里没有一点儿底。但最终，赵普还是将宝押在赵匡胤这边。政治立场是不可以随便改变的，因为它的价值就在于"忠诚"二字。公元966年，赵普再次出招，以派出的卧底出面告发知梓州冯瓒受贿之事，并从中牵连出赵光义的亲信幕僚、开封府判官刘嶅的罪行，矛头隐指赵光义。但赵匡胤后来处理此事却避重就轻，只将冯瓒削官流放登州（今山东省蓬莱市）沙门岛。虽然赵普力主处死冯瓒，赵匡胤却不予理会。而刘嶅在事败后也只是免职了事。一切到此为止，赵普并不能影响到赵光义什么。相反，在此事件后，赵匡胤心头也是颇为不快，并由此直接触发了七年后的赵普罢相事件。

赵普从深得信任到被罢离职，原因其实是多方面的。这其中既有其行为不慎的因素，也与赵匡胤的猜忌心日益加深有关。赵匡胤之所以起猜忌心，或许与赵普介入时局过深，特别是在皇位继承人问题上强加影响有关。换句话来讲，赵普是马屁拍在马蹄上，一不小心伤了自己。赵匡胤起初宣布兵部侍郎薛居正、吕余庆并本官参知政事时，其实还只是做表面文章而已，象征意义多于实际意义。因为薛居正、吕余庆两参知政事不宣制，不押班，不知印，不升政事堂，赵匡胤只让他们在徽使厅上事，赵普的宰相之权并未受到多大影响。但翰林学士卢多逊攻击赵普联姻大臣、为政专断之后，赵匡胤便开始宣布宰相文书须由副宰相参知政事共同签署后才能生效。卢多逊攻击赵普联姻大臣是指赵普之子赵承宗娶了枢密使李崇矩的女儿，破坏了宋朝大臣姻亲制度，这是赵匡胤很忌讳的一点。另外，差不多与此同时，赵普又在其他小节上疏于检点。开宝六年（973年），吴越王钱俶赠送赵普千瓶海货，不巧被赵匡胤撞见此事。糟糕的是吴越王钱俶所送名为海货，实为爪子金。赵普此举有受贿和欺君之嫌。另外，赵匡胤还获知赵普涉嫌私贩秦陇大木至京师贩卖牟利，此举也违背了朝廷法度。这些虽然都是小节，但在敏感的皇位继承人的问题面前，它们便成了赵普被罢离职的主要理由。五十二岁的赵普在做了十年宰相之后黯然离京，"出为河阳三城节度，检校太傅、同平章事"，离开了权力核心。与此同时，赵光义被封晋王，在帝国权力场上的排名高过宰相，可以说离皇位又进了一步。世事至此，可谓泾渭分明，因果各有轮回，大宋帝国前宰相赵普的报应似乎就在不远处。但是，聪明的他又变招了，为自己留下一个后手或者说伏笔。离京之前，赵普上书，大力称赞赵光义人品、才能俱佳，并巧妙地提到了金匮之盟，否认自己与他有矛盾——赵普的上书，实在是为自己重新上位做好铺垫，只是在当时，没有多少人能够明白其中的深意罢了。

每一步都可疑

历史总是疑窦丛生的。在"烛影斧声"的传奇背景下，开宝九年(976年)十月，宋太祖赵匡胤离奇地离开人世，他的弟弟赵光义当仁不让地即位，后人称其为宋太宗。赵普得知此消息，心情是很复杂的。两个月后，赵光义宣布改年号为"太平兴国"。此举动违背了新皇帝上位须在次年改元以尊重大行皇帝的祖制，堪称石破天惊之举。当然，对赵普来说，他所能感受到的则是赵光义的咄咄逼人和不守常规——这样一个人，什么事干不出来呢? 赵普再一次深切地为自己对赵匡胤的愚忠感到不值。

快到年底的时候，赵普察觉出异常：知怀州的高保寅上奏请求他所领的怀州脱离三城节度使赵普的管辖。赵普"出为河阳三城节度"，怀州即为三城之一。而高保寅名义上虽然是赵普手下，却历来与他有矛盾。他出知怀州，实际上是新皇帝赵光义的一个布局，因为接下来的事情很明显，赵光义是支持高保寅的。他随后批复同意怀州脱离河阳三城节度使的管辖，将其管辖权收归中央——赵普明白，这是新皇帝向他发出明确信号了——你这河阳三城节度使也别做了。赵普知趣，马上请求进京，而且一待就是三个月，以参加赵匡胤的寝陵安葬仪式为由留在京师，似乎不愿意再回河阳三城做他的节度使。赵光义当然是聪明人，明白赵普的心机，他免去其实职，只授太子少保这一虚衔让他滞留京城——赵普的仕途至此跌入谷底。

接下来的几年时间，赵普成了时局观察员。他发现赵光义的政治手腕实在是了得，不仅大力笼络赵匡胤时代的旧臣，而且对赵匡胤的兄弟子孙也多有封赏，从而最大限度地消解人心之怨。比如他封皇弟赵廷美为开封尹兼中书令，封齐王，很有自己百年之后让其继位做皇帝的意思。而对宋太祖赵匡胤的两个儿子，他则外派为节度使，这其中赵德昭为永兴军节度使、赵德芳为山南西道节度使，赵光义此举的目的是不让他们留在京城免生后患，同时又授予一定的实职来笼络人心，可谓恩威并重。但是接下来，形势的发展可以说让人目瞪口呆。赵德昭在太平兴国四年的高粱河之役后为北征将士请赏未遂，军中人心浮动，赵光义疑虑重重，赵德昭一时悲愤不已，竟然选择自杀了事，由此导致赵廷美有兔死狐悲之感。在朝臣当中，新晋宰相卢多逊不知进退，与赵廷美交好。赵普感觉，如果此时出手，他仕途的春天很有可能将再次来临，而这其中最关键的便是赢得赵光义的信任。换句话说，赵普以什么理由复出，让赵光义觉着此人是有利用价值的呢？

太平兴国六年（981年），卢多逊或许是感觉到了赵普即将会有所行动，便率先站出来告发他当初是不想立宋太宗的，宋太宗赵光义因此疏远赵普。这一年，帝国权力场中的薛居正死了，沈义伦病了，只有卢多逊一相独大。赵普非常清楚卢多逊为何要防备他复出，但赵普以为，他的复出是任何人阻挡不了的。因为他手上有两大利器。一是，他是"金匮之盟"的见证者和记录人。他可以站出来证明赵光义"兄终弟及"是有法理基础的；二是，他罢相之前，曾经上疏表明自己对赵光义并无偏见，甚至可以说是全力支持。这份奏疏宫中当有留档，可为其政治清白背书。最重要的是在赵普意欲复出的紧要关头，发生了赵廷美被贬事件。太平兴国六年（981年）九月，如京使柴禹锡上奏告赵廷美"骄恣"，由此掀开倒赵序幕。赵普则趁热打铁，暗使开封知府李符诬告赵廷美"不悔过，怨望，乞徙远郡，以防他变"。由此，赵廷美被贬往洛阳。赵普通过此事件，向宋太宗赵光义展示了他手上的两大利器，证明其从赵匡胤手中继承皇位合理合法，同时，苦口婆心地劝他，太宗传位于赵廷美是有先决条件的，那便是赵廷美须为合格的皇位继承人，既然他现在因存不轨之谋被贬往洛阳，那索性让他去得更远一些，降其为涪陵县公，迁往房州(今湖北省房县)好了。宋太宗赵光义采纳了赵普的建议，于雍熙元年(公元984年)令赵廷美举家迁至房州，彻底消除了这一政治隐患。赵普在此事件中的特殊功绩而得以重新上位，获封司徒兼侍中，两度任相。而赵廷美谪居房州后不久，忧愤成疾，吐血而终，年仅三十八岁。从宋太祖赵匡胤的利益捍卫者摇身一变为宋太宗赵光义的利益捍卫者，赵普做得游刃有余，似乎并无多少道德压力。他所需的只是娴熟的技术手段而已，而这一点，恰恰是赵普所擅长的。

接下来的政敌是卢多逊。事实上，赵普重新为相后，卢多逊就失宠了。赵普起初希望卢多逊明智一点，急流勇退。但卢多逊明知赵廷美被贬，自己在脱不了干系的情况下，还是恋栈不去。太平兴国七年（982年），宰相赵普断然出手，向皇帝告发卢多逊与赵廷美交结，图谋不轨之事。由此，卢多逊的政治生命结束，被举家发配崖州（今海南省三亚崖城镇）。诏书规定遇赦不赦。三年后卢多逊卒于崖州水南村寓所。至此，宰相赵普在宋太宗赵光义时代再无任何政敌，他的仕途似乎平坦无阻了。

然而让人大跌眼镜的是，赵普竟然很快又落马了。太平兴国八年（983年）十月，也就是赵普告发卢多逊一年后，他的宰相职位被免，宋太宗赵光义不动声色地宣布赵普出任武胜节度使（今河南省邓州市）、检校太尉兼侍中。对于此次被免职的原因，赵普心里其实很清楚，他的历史使命已经完成。说到底自己只是皇帝手头的一块砖，用来砸向其前进路上的拦路虎。现在赵廷美等人都已经被砸倒，砖头的意义和作用又何在呢？赵普对这次仕途浮沉看得比较开了，他感激涕零地离去，还上疏说来世当效犬马之力，很有以德报怨的气概。此后数年间，赵普转任山南东道节度使，改封梁国公为许国公。也曾在宋太宗亲征幽蓟的战役中三进疏陈，出谋划策，但一切行事做派，赵普已是激情索然，毫无乐趣可言。他的那些智谋人生，似乎已随赵匡胤去了，接下来的种种作为都只是应付而已，苟全性命于盛世，一切若即若离，凡事概不过心，被利用也罢，利用他人也罢，都只不过兵来将挡、水来土掩，徒留生存本能而已。端拱元年（988年），赵普被册拜太保兼侍中。淳化三年（992年），拜太师，封魏国公，三度为相。可即便这样，他也高兴不起来。因为赵普明白，这一切都是宋太宗次子昭成太子、陈王元僖的运作结果，只因为自己曾经劝宋太宗传子不传弟有功，于其上位有利罢了。那个遥远的"金匮之盟"，对现在年迈不堪的赵普来说，只是一场游戏一场梦而已。游戏中人表情真切，潸然泪下，自以为能掌控一切，却只能算是花自飘零水自流，各取所需罢了。装在金箱子里的誓言其实不比凡夫俗子的口头承诺更加珍贵或者说牢靠，而历史的见证人也可以成为"泼污者"，北宋名相赵普一生的仕途首鼠两端，前后矛盾，在一个又一个主子面前或表忠心或自掌嘴巴，真是每一步都可疑，只可远观不可近赏，活得够累够狗血。

赵普是在他三度为相那年去世的，享年七十一岁。死后赠尚书令，追封真定王，谥忠献，可谓极尽哀荣。

第 4 章

苏轼：不懂政治人事学

我行我素

苏轼一生的荣光与惆怅，竟都与文字联系在了一起。

嘉祐六年（1061年），二十四岁的苏轼官居大理评事、签书凤翔府判官，相当于陕西省凤翔市的市长助理。这其实是他仕途的起点。作为四川省眉州眉山走出来的一个寒门子弟，苏轼的人生之所以有这样的高起点，完全仰仗于他出众的文字功底。此前，他参加了朝廷的制科考试，虽入第三等，却是两宋历史上的"百年第一"；而再早一些，他在礼部主持的考试中以一篇《刑赏忠厚之至论》宏文震惊四座。主考官欧阳修在不知情的情况下误以为是自己的弟子曾巩所作，大加赏识有余为避嫌计判了个第二名。但对苏轼来说名次其实不重要，重要的是他脱颖而出了。年仅二十四岁的他做了市长助理，实力自然不容小觑。而在京师权力场，这个以文而名的年轻人被挂上了号，随时都有获得重用的可能。

正所谓世上事利弊相间。苏轼因文字在仕途立足，却也因为其文人出身而显得个性奇崛、清高，我行我素。这注定了苏轼在仕途上的波澜起伏。在凤翔府判官任上，苏轼与顶头上司陈希亮有些不对付。陈希亮在他写的公文上涂涂改改，"百年第一"的苏轼心里不大舒服，并且这不舒服很快表现在了脸上；陈希亮为官冷傲，颇有架子，每次接见下属时总是姗姗来迟，苏轼作诗讽刺："谒人不得去，兀坐如枯株，岂惟主忘客，今我亦忘吾。同僚不解事，愠色见髭须，虽无性命忧，且复忍须臾。"这诗传到陈希亮的耳朵里，苏轼的日子自然就不好过。但是作为文人，苏轼又不懂得危机公关。他不参加陈希亮主持的宴请，甚至违背官场惯例，中元节也不出席秋季官方仪典，后被罚红铜八斤。一般人到了这个程度，自然明白官场潜规则，知道官大一级压死人，跟上司对着干是没有好下场的，但苏轼还偏偏反其道而行之。陈希亮在其官舍后面造了一座凌虚台，很有追望终南山的意味，他觉得苏轼文笔好，请其作记。本来这是一个很好的改善上下级关系的机会，但苏轼却在他写的《凌虚台记》中冷嘲热讽，极尽嬉笑怒骂之能事。苏轼写道："物之废兴成毁，不可得而知也。昔者荒草野田，霪霪之所蒙翳，狐虺之所窜伏。方是时，岂知有凌虚台耶？废兴成毁，相寻于无穷，则台之复为荒草野田，皆不可知也。"凌虚台刚刚建成，苏轼就悲观地预言有朝一日它将成为"荒草野田"。苏轼不仅嘲弄了凌虚台这个物，还要由物及人。"夫台犹不足恃以长久，而况于人事之得丧，忽往而忽来者欤！"意思是你陈希亮也别老是趾高气扬的，以为一辈子春风得意。小心，别在将来某一天栽了跟头……毫无疑问，苏轼这样的文人性格是不可能在凤翔官场再待下去了。

　　英宗治平元年 (1064年)年底，二十九岁的苏轼被罢免，回朝廷等候差遣。官做不下去了，苏轼却看上去没什么压力。这一年，他最重要的收获是和擅长画竹的表哥文同深入切磋艺术，还在剩下的一点时间里"赴长安，游骊山"，过得很是逍遥自在。次年正月，苏轼还朝，判登闻鼓院，直史馆，去做一名历史研究员。这里有一个背景需要交代一下，那就是仁宗皇帝对苏轼还是看好的，觉得他刚刚三十岁，正是而立之年做事的时候，应该给他压压担子，但宰相韩琦却认为苏轼恃才傲物，稍嫌浮躁，在凤翔官声不好，还是冷处理比较好。因此，苏轼的仕途开始黯淡下去。屋漏偏逢连夜雨，英宗治平二年(1065年)，苏轼妻子王弗在京师去世。次年四月，父亲苏洵去世。他和弟弟苏辙护父丧返川。守丧三年后，三十四岁的苏轼回到京师，继续任职史馆，做他的历史研究员。曾经寄予厚望的政治明星到了这里看不到一丝新的光亮和希望。

非暴力不合作

　　1069年2月，苏轼回京时，朝局悄悄地发生变化。此前一年，英宗病逝，神宗皇帝即位，一个传说中的改革派人物王安石入京，神宗准许他越次入对。这是一个信号，说明当下的时代，"改革"将是关键词。十年前，王安石在《上仁宗皇帝言事书》中，提出了改革主张。仁宗没有接受，朝局便这样年复一年地承续下去，没什么异动。等苏轼回京时，王安石已是参知政事（副宰相），全面主持改革工作，还新设了制置三司条例司作为领导改革的机构，陆续制定和颁布一系列新法。苏轼注意到，一些老同志靠边站了。像司马光被外放到西京御史台，名为御史，实际上也不问政事，而是和他苏轼一样，做一名历史研究员，专心致志写一部叫《资治通鉴》的史书。欧阳修也不在中央工作了，因身体不好，希望到下面走走。先是出知亳州，后又知青州。到了地方上无心工作，或者说无心配合王安石开展新法落实工作。但其实王安石自己也难。改革的劲头儿很大，支持他的老同志却不多。无可奈何之下，只得拉拢一些中层干部为其所用。苏轼注意到，他的弟弟苏辙已经进了制置三司条例司工作。王安石可能也想拉他进去共谋改革大业。其实对苏轼来说，这或许是仕途上的一个好机会，再怎么着也比任职史馆强。但偏偏这个时候，他的书生脾气又上来了。苏轼多次向皇帝上书，认为"所行新政皆不与治道同""天下之所以不大治者，失在于任人，而非法制之罪"，他还指出王安石这样的变法太激进草率了，"慎重则必成，轻发则多败"。总之，他的态度就是非暴力不合作，顺便泼泼冷水。

熙宁三年（1070年），仕途上的一个机会悄悄靠近苏轼。由于谏官空缺，翰林学士范镇推荐苏轼出任谏官。这实在是一个敏感的职位，因为明眼人都明白，谏官之所以空缺是因为那些反对王安石变法的谏官、御史等监察官都被罢免得差不多了，需要补充。按苏轼的性格和声望，倒是蛮适合这个职位的。但是侍御史知杂事谢景温却反对苏轼出任谏官。谢景温跟王安石的关系原本就很铁，再加上他妹妹嫁给王安石的弟弟王安礼为妻，算起来也是亲家。从利益角度出发，谢景温当然不希望苏轼出来搅局。或许历史研究员是最适合苏轼的工作，只是谢景温用以反对苏的手段极为毒辣。他上书神宗，弹劾苏轼在宋英宗治平三年（1067年）护送其父苏洵遗骨回四川老家的途中，违反规定擅自差借兵卒用于护卫，更严重的是苏还借机搞走私活动，悄悄于所乘船中贩运私盐、苏木和瓷器，从中牟利。如此作为，孝道何在？律法何在？谢景温实名举报，神宗皇帝当然要展开调查。但事隔三年，要查个水落石出又谈何容易。谢景温要的其实也是这个结果，不怕查，就怕不查。查个一年半载，即便最终查无实据，苏轼出任谏官的事也黄了。

果然黄了。熙宁三年（1070年）八月，苏轼被任命为杭州通判，不再在京师工作。这实际上也是他自己的要求。在调查工作还在进行的时候，范镇、司马光都曾站出来为苏轼辩护，当着神宗的面说苏轼当年离开京城时，宰相韩琦曾赠送白银三百两给苏轼兄弟二人，苏轼却不纳，这样一个视钱财如粪土的人，怎么可能通过走私以从中牟利呢？神宗也犹豫，开始倾向于苏轼无罪的说法。偏偏这个时候，苏轼的书生脾气上来了，他觉得自己不能承受如此屈辱，主动上书要求到外地去任职，以示避嫌。

苏轼在杭州待了三年多，随后在密州（今山东省诸城市）、徐州等地任职，官都做得不大，直到元丰二年（1079年）五月，被任命为湖州（今江苏湖州）知州，算是坐上了市长的位置。其实，此前在徐州的防洪救灾工作中，苏轼作为市里主要负责人因为表现不错而得到了神宗皇帝的嘉奖。仕途的转机应该说慢慢地到来了，苏轼只要将他的书生脾气改一改，或许还能更上层楼。但是到了湖州，他又犯错误了。当然准确地说这错误不是他主观上想犯的，而是被朝廷的某些势力盯上了，苏轼恐怕想置身事外也难。

一份谢表导致的悲剧

　　起因是他的一份谢表。苏轼在他的《湖州谢上表》中发了这么几句牢骚话："陛下知其愚不适时，难以追陪新进；察其老不生事，或能牧养小民。"这些话从字面上看或许可以是自谦，但往深里看，难逃冷嘲热讽之嫌。"难以追陪新进"是说与改革大业保持距离；而"老不生事"一语又有暮气沉沉之嫌。时任监察御史台里行的何大正因此上奏，称苏轼"愚弄朝廷，妄自尊大"。而在这个时候，监察御史台里行舒亶在刚刚出版的《元丰续添苏子瞻学士钱塘集》中发现苏轼的几首诗中存在严重的政治问题。比如"读书万卷不读律，致君尧舜知无术"一语分明是讽刺皇帝不学无术。而"岂是闻韶忘解味，迩来三月食无盐"讽刺盐业制度改革；至于"东海若知明主意，应教斥卤变桑田"毫无疑问是在讥讽农田水利法。舒亶由此上奏说："至于包藏祸心，怨望其上，讪渎谩骂，而无复人臣之节者，未有如轼也。"这个罪名是很重的，即所谓的"大不敬"。紧接着，权御史中丞李定为苏轼拟定应予罢黜问罪的四条理由，包括"悛终不悔，其恶已著""傲悖之语，日闻中外""言伪而辩，行伪而坚""怨己不用"等。由此，历史上著名的"乌台诗案"爆发，苏轼在湖州任职还不到三个月就被捕了，二十天后押往御史台监狱。两天后，正式审讯。苏轼写了几万字的交代材料，虽然拒绝承认自己有借诗"包藏祸心，怨望其上"的动机，但也交代了收藏其含"讥讽诗歌"的人员名单，包括司马光、范镇、张方平、王诜、苏辙和黄庭坚等二十九位保守派高级官员赫然在列。事实上这正是权御史中丞李定、舒亶等人要达成的目的，借"乌台诗案"实行派系清洗。舒亶奏请神宗皇帝将司马光、范镇、张方平、李常和苏轼等人一律处死。李定则在技术上做了相关防范，上奏请求"乌台诗案"的涉案人员在太后国丧时不予赦免。由此，苏轼成了帝国仕途在变革年代一颗举足轻重的棋子，一死百死，一了百了。

这样的时刻，人心的明暗度显现出来，成为权力之争背后的隐性力量。《梦溪笔谈》的作者沈括趁机落井下石，向神宗密报苏轼赞美桧树的诗句"根到九泉无曲处，世间惟有蛰龙知"有暗讽皇帝之嫌。沈括痛心疾首地说："皇帝如飞龙在天，苏轼却要向九泉之下寻蛰龙，不臣莫过于此！"随着越来越多"问题诗句"的出炉，在乌台（御史台）一关就是四个月的苏轼可谓度日如年，每天要写他诗词中典故的出处和隐含的意义。最终，在舒亶等人威逼之下，苏轼不得不承认自己有借诗暗讽新政之意，比如，他承认自己的《山村五绝》里"赢得儿童语音好，一年强半在城中"是讽刺青苗法的，"岂是闻韶解忘味，迩来三月食无盐"是讽刺盐法的，"东海若知明主意，应教斥卤变桑田"是"讽刺朝廷水利之难成"。但对于"包藏祸心，怨望其上"这一点，他还是死都不认。

这四个月，一时间苏轼的生死成谜。事实上在押解进京，途经扬州江面和太湖时，苏轼都想跳水自杀，目的是怕他的案子连累更多好友。而现在二十九人的大名单出炉，真是不连累也难。而这其中，连累司马光的那首诗让苏轼寝食不安。那还是王安石罢相的第二年（1077年），苏轼在徐州写了一首诗寄赠司马光，名曰《独乐园》："先生独何事，四方望陶冶，儿童诵君实，走卒知司马。抚掌笑先生，年来效暗哑。"这首诗的情绪流露是很明显的，那就是王安石去后，保守派的领袖人物司马光该出山了。在审讯期间，苏轼不得不承认："此诗云四海苍生望司马光执政，陶冶天下，以讥讽见任执政不得其人。又言儿童走卒，皆知其姓字，终当进用……又言光却暗哑不言，意望依前上言攻击新法也。"这样的招供其实是很危险的，因为王安石罢相并不意味着政治风向标的转向，苏轼在地方上妄评人物和国策，再加上以诗言志，实在是罪行不轻。关于这一点，苏轼自己也有自知之明。他在等待判决的日子里和每天给他送牢饭的儿子苏迈约定：平日三餐只送蔬菜和肉食即可，一旦有死刑判决的消息，就改送鱼。结果有一天儿子有事委托不知内情的朋友给父亲送饭，送了一条熏鱼。苏轼一见大惊，竟写下诀别诗两首，其惶恐不安的心态，由此可窥见一斑。

但其他的坏消息还是不绝于耳。驸马王诜因上交苏轼的诗文态度不积极，行动拖拖拉拉，并且泄露机密给苏轼，而被削除一切官爵。好友王巩被发配西北。最要命的是弟弟苏辙，只因奏请皇帝赦免兄长而遭降职处分，不得不去筠州做一个酒监。从这些与自己有连带关系的消息中，苏轼也似乎明白了自己"罪行"的后果——只当在生死之间徘徊了。但就像上文所说的，人心的明暗度在此非常时刻显现了出来，成为权力之争背后的隐性力量。宰相吴充劝皇帝："陛下以尧舜为法，薄魏武固宜，然魏武猜忌如此，犹能容祢衡，陛下不能容一苏轼何也？"难得的是改革派领袖、已经罢相暂居金陵的王安石也为苏轼求情："安有圣世而杀才士乎？"最后身患重病的曹太后呼吁："昔仁宗策贤良归，喜甚，曰：'吾今又为吾子孙得太平宰相两人'，盖轼、辙也，而杀之可乎？"

由此，苏轼活了下来，但仕途大受影响，被贬往黄州，做一个团练副使，相当于现在的人武部副部长。其职没实权，不能签署公文，而且不准擅离该地区，这个有看管起来的性质。至于他的那些同案犯也各有处分。其中，张方平、李清臣被判处以罚铜三十斤的处分，司马光、范镇、钱藻、陈襄、刘邠、李常、孙觉、王汾、刘挚、黄庭坚、王安上、吴琯、戚秉道、周邠、盛侨、杜子方、颜复和钱世雄等涉案官员各罚铜二十斤。"乌台诗案"就以这样的方式不了了之。在改革派将去未去、保守派将起未起之时，作为新生力量的代表人物苏轼被轻度警告了一番，以作为时局未得大变的明证。当然对其仕途而言，影响还是很大的。之前，苏轼远离派系斗争，之所以反对变法并非从人事出发，而仅止于政见不同；但"乌台诗案"之后，他作为一个标签式的人物，在改革派和保守派的派系斗争中不断地被迫浮沉，成为帝国命运多舛的一个缩影。但偏偏作为一个文人，其书生意气与派系倾轧的冲突显得无比激烈，令人痛心。

尴尬

　　时局在不断地变化。苏轼在黄州书生意气依旧，写下前后《赤壁赋》和《念奴娇·赤壁怀古》这样的名作，很有借古人情怀浇心中块垒的意思。苏轼在黄州待到第五年年底的时候，一道意味深长的旨令传了下来，令他从黄州团练副使改调汝州（今河南省临汝）团练副使。汝州离京师较近，对于仕途敏感人士而言，这或许是接下来进一步升迁的暗示。但苏轼自"乌台诗案"后，对仕途浮沉已有所戒备。他北行至常州时，向皇帝上《乞常州居住表》，想在常州居住下来，不敢再往北走。神宗同意了。这是发生在元丰八年（1085年）年初的事情，苏轼的仕途及人生晃荡在半空中，将上未上，将下未下，可谓前途未卜，祸福难料。毕竟神宗真的想重新起用苏轼的话，是断不会让他在常州居住下来的。他等于是发出了一个含义模糊的旨令，在用与不用苏轼之间自个儿在那里纠结。的确，"乌台诗案"后，苏轼作为标签式的人物，发生在他身上的哪怕细微变化，都标志着政策风向标的可能转向，从而牵一发而动全身，导致时局大变。在这一点上，神宗皇帝显然很小心，不敢贸然行事。

　　但世事的吊诡之处在于，不是所有的谜面都暗藏一个谜底。元丰八年（1085年）三月，苏轼刚刚在常州居住下来，神宗就去世了。京师的巨变悄然发生，哲宗皇帝继位，而后面的操盘手却是宣仁太后。她开始了垂帘听政。这其实是路线之争，也是人事之争。司马光上台，出任宰相，变法派人物吕惠卿、章惇、蔡确、吕嘉问以及吕大防、梁涛、刘安世等王安石的追随者被罢黜，文彦博、吕公著、刘挚、王岩叟等支持司马光路线的人士顶替了前者的位置。"元祐更化"开始了。得益于这个时代的人物当然还有苏轼。在神宗去世两个月后，苏轼就感受到了来自京师的异动——他先是被命知登州（今山东省蓬莱市），做了登州市市长。可到任才五天工夫，朝廷的红头文件下发，令他火速回京任礼部郎中；十五天后，火速提拔为起居舍人，这起居舍人是记录皇帝日常行动与国家大事的官，是为天子近臣。一百天后，苏轼升为中书舍人，随后再升为翰林学士，知制诰，与皇帝的距离走得更近了。第二年，苏轼又被宣布任为皇帝的老师，在仕途上的发展势头，一时无两。

当然，就像没有无缘无故地罢黜一样，也没有无缘无故地提拔。在苏轼火箭般升迁速度的背后，有两个人物起了关键作用。一是宣仁太后。她在解释个中缘由时说："此先帝（神宗）意也。先帝每诵卿文章，必叹曰：'奇才！奇才！'但未及用卿耳。"另一个人物便是司马光了。司马光组阁，需要一大批得力的人才。在当时，赵彦若、傅尧俞、范祖禹、梁焘、韩宗道、朱光庭、王存、赵君锡、唐淑问等人都被他推荐到中央国家机关工作，而苏轼则是其中的重要一位。前文提及，苏轼在徐州诗赠《独乐园》给司马光，虽然让后者也受了一点处分，但恰恰说明两人在政见上还是相同，可以一起共事。

只是接下来的桥段却在意料之外。苏轼竟然要反对司马光"废除免役法，恢复差役法"的政治主张。这一点让司马光大跌眼镜，因为王安石时代，苏轼是一直反对免役法的，现在司马光上台，"拨乱反正"，苏轼应该大力支持才对，可苏轼却认为免役法虽然有一些问题，但到底推行了十几年，取得一些实效，加以修正后还是可以继续采用的。在司马光的政事堂，中书舍人苏轼据理力争，做着只有一个纯粹的书生才可能做得出来的事情。接下来苏轼我行我素，在司马光之外硬是搞出了《给田募役法》，并且建议宣仁太后在河东、河北和陕西三路试点，看看可否推行。司马光冷眼旁观苏轼的我行我素，碍于自己的身份不便强行反对，但他的追随者侍御史王岩叟、右司谏王觌、殿中侍御史孙升和监察御史上官均等人纷纷站出来指责苏轼变乱成法，居心不良。这其中，王岩叟认为苏轼《给田募役法》存在十个方面的弊端，不同意在河东、河北和陕西三路试点。宣仁太后不置可否，这事也就这么拖了下来。苏轼到底是不懂政治，所作所为既见恶于旧党，也不容于新党，实际上他的位置很尴尬。

　　恰在此时，学士院风波发生，蜀洛党争成形，进一步加剧了苏轼的尴尬处境。实际上在学士院风波里，苏轼只是一颗被利用的棋子，在新旧两派的权力博弈中充当催化剂，从而使他开始被边缘化，为其再一次离开中央到地方工作埋下伏笔。这场风波的起因其实很简单，缘自于苏轼为"试馆职"考试拟定的一道策问题，名曰："师仁祖之忠厚，法神考之励精。" 左正言朱光庭望文生义，认为该题暗含"今朝廷欲师仁祖之忠厚，而患百官有司不举其职，或至于愈；欲法神考之励精，而恐监司守令不识其意，流入于刻"之意，断定苏轼有影射仁宗、神宗两朝皇帝业绩之嫌。他建议宣仁太后"正其（苏轼）罪，以戒人臣之不忠者。"但右司谏吕陶站在了苏轼一边，上书弹劾朱光庭，认为他的发难是因为苏轼曾经戏谑过朱光庭的老师程颐，此举为公报私仇，也是"乌台诗案"后又一次文字狱的发端，必须严正视听，勿使忠良受诬。宣仁太后发话，说："详览（苏轼）文意，是指今日百官有司、监司守令言之，非所以讽祖宗也。"（见《宋史·朱光庭传》）

　　事情到了这里，本来可以告一个段落了，但谁知学士院风波愈演愈烈。司马光的支持者御史中丞傅尧俞、侍御史王岩叟等也纷纷上书，强烈要求治苏轼之罪。这里头其实有一个背景存在，那就是朱光庭和傅尧俞、王岩叟一样，都是忠于司马光的势力。朱光庭能做左正言这一官职，是司马光推荐的结果。他任职后也知恩图报，提议罢去提举常平官、保甲青苗等法；弹劾蔡确为臣不恭、章惇欺罔肆辩、韩缜挟邪冒宠，为司马光定调时局立下大功。而现在他弹劾苏轼折戟沉沙，傅尧俞、王岩叟等人自然不同意。至此，党争逐渐成形，傅尧俞、王岩叟跑到宣仁太后面前攻击苏轼和吕陶不法，而苏轼为避嫌，不再去翰林院上班，并且上书太皇太后，请求解除职务。这场党争的结果是元祐四年（1089年），苏轼以龙图阁学士的身份出知杭州——再次从中央贬到地方去工作了。苏轼在杭州写下一首意味深长的诗说："到处相逢是偶然，梦中相对各华颠。还来一醉西湖雨，不见跳珠十五年。"十五年恍然一梦，终点又回到起点，看似匪夷所思，其实一切自有缘由。这个仕途上的书生真是不懂政治，将书生理想与人事规则对立起来，结果是自己很受伤。

毕竟是书生

　　苏轼在杭州工作四年后，于元祐八年（1093年）三月离任，回京师开封报到。这个时候他差不多得了仕途恐惧症。作为例证，是苏轼在回京师开封的路上得知洛党分子贾易升任侍御使之后，避免其打击报复，竟然七次上书太皇太后请求让自己留在地方工作，以避祸于党争。但党争还是不请自来了。同年八月初二，贾易和御使中丞赵君锡联名写举报信，举报苏轼题写在扬州上方竹西寺的一首诗存在严重的政治问题，诗曰："此生已觉都无事，今岁仍逢大有年，山寺归来闻好语，野花啼鸟亦欣然。"贾易认为苏轼写此诗时恰逢宋神宗去世之时，举国同悲之际你苏轼却"闻好语，亦欣然"，是为"大不敬"。另外，贾易还指出苏轼在差役法问题上态度反复无常，政治面目可疑；在中央工作时提拔秦观任秘书省正宗，有拉帮结派之嫌……结果翰林学士苏轼被太皇太后赶出朝廷，后知颍州（今安徽省阜阳市）。这是个比杭州还要落后的地方，苏轼等于是被贬了。

　　但是悲剧不止于此。从元祐年间到绍圣年间，苏轼不断地遭到弹劾。比如元祐八年（1093年）五月，监察御史董敦逸、黄庆基和赵挺之上书弹劾门下侍郎苏辙和礼部尚书苏轼兄弟俩任人唯亲，让自己的心腹张耒任著作佑郎，晁补之任著作佐郎，甚至认为朝廷上下十分之六七的官僚士大夫都是苏轼、苏辙兄弟的党羽；又提出苏轼在先帝（宋神宗）时就被一贬再贬，是个早该诛杀之徒。绍圣元年（1094年），宋哲宗亲政，苏轼更不见容于时局。御史虞策、来之邵二人先后发难，上书弹劾苏轼在贬吕惠卿时所写诰词"首建青苗，次行助役、均输之政，自同商贾，手实之祸，下及鸡豚，苟有蠹国而害民，率皆攘臂而称首"以及为司马光神道碑中所作的文字有诽谤朝廷之嫌，请求对苏轼严加处理。随后，苏轼被贬官英州（今广东省英德市）。但还没到贬所，宰相章惇加大处罚力度，追贬苏轼为琼州（今海南省海口南）别驾，安置昌化军（今海南省儋县西北）。绍圣四年（1097年）四月，六十二岁的苏轼被再贬儋州（今海南省），起因是他写了一首《纵笔》诗，内容曰："白头萧散满霜风，小阁藤床寄病容；报道先生春睡美，道人轻打五更钟。"据说这首诗被章惇看到后，给出的评价是"苏某尚尔快乐耶"。意思是苏轼你现在过得还很快活啊。由此再被贬。苏轼一贬再贬的速度堪比其先前一升再升的速度。世事轮回，残酷至此。而当时的时局也确实是翻手为云覆手为雨。绍圣年间司马光也下台了，先是贬为清远军节度副使，后又追贬为朱崖军司户参军，他的追随者吕大防、刘挚、苏辙、梁焘和范纯仁等人被流放岭南，另外，韩维等三十多名元祐年间发达的官员也被贬官。在此大背景下，不懂政治人事学的苏轼所受的创伤当然更大。一月之内三贬，生活情状可以说"食无肉、病无药、居无室、出无友、冬无炭、夏无泉"。命运似乎已到谷底，再无咸鱼翻身的可能。但元符三年（1100年）正月，哲宗去世，徽宗继位。五月，全国实行大赦，苏轼的命运似乎迎来了一次转机。但最终这是一次无力的转机，一切为时已晚。虽然建中靖国元年（1101年）他被许可内迁廉州（今广西壮族自治区合浦县）；同年八月改舒州（今安徽省安庆市）团练副使，永州（今湖南省永州市）安置；行至英州时甚至复官朝奉郎，提举成都玉局观（相当于七品官职）。但苏轼至此对仕途再无半点天真的想象或者说想法。1101年，其实是他作为一个老人的叶落归根之旅的开始。他在与时间赛跑，为自己寻觅一个好的归宿地。正所谓时局千变万化，笔端祸福难料，命运实在不是他可以把握的。建中靖国元年（1101年）六月，在金陵（今江苏省南京市）往常州的船上，苏轼病倒，一个月后就病逝于孙氏宅院，终年六十五岁。临终前苏轼遗诗一首："心似已灰之木，身如不系之舟。问汝平生功业？黄州惠州儋州！"是感叹自己的一生。

其实，苏轼的父亲苏洵在早年为儿子取名时早有预言："轮、辐、盖、轸，皆有职乎车。而轼独若无所为者。虽然，去轼，则吾未见其为完车也。轼乎，吾惧汝之不外饰也！"这个"不外饰"的说法，提炼了苏轼一生不肯趋炎附势、固执己见的性格，到最后，他也只能为自己锋芒毕露的性格而买单了。

毕竟是一介书生。

第 5 章

蔡京：左右逢源是一门大学问

看家本领

　　一个人的左右逢源在很多细节上可以体现出来。比如在应酬礼节或者说待人接物上，又比如在书法方面，左右逢源的特点也可以有细微体现。蔡京的书法看上去既姿媚又豪健，笔势既痛快又沉着，用当时评论者的话说即"其字严而不拘，逸而不外规矩"，很有八面玲珑、左右逢源的意思。左右逢源其实是一门大学问。蔡京在书法上将左右逢源之道钻研到极致，便跻身于北宋四大家之中，领一时风骚；在仕途上将左右逢源之道钻研到极致，便四度为相，成为北宋官场不倒翁。

　　蔡京的出生，很有些玄机。他出生的前一年，轰轰烈烈的"庆历新政"以失败告终。范仲淹心情沉重地写下《岳阳楼记》，以"先天下之忧而忧，后天下之乐而乐"聊以自慰。帝国政局陷入了沉寂期。在"庆历新政"至王安石变法的历史空档期，蔡京毫无心机地成长着。直到熙宁三年（1070年），二十四岁的蔡京以甲科第九名的成绩成为一名进士，随后被派往钱塘（今浙江省钱塘地区）任县尉，开始了他的仕途生涯。谁都没想到，这个兴化仙游（今福建省仙游县）人、著名书法家蔡襄的堂弟，会在若干年后成为帝国仕途中最重量级的人物，而他能够成事的一大秘诀就在于精通左右逢源之道。

　　蔡京步入仕途之际，王安石已经开始变法了。作为小小的钱塘县尉，蔡京当时面临两个选择：或拥护变法；或反对变法。所谓态度决定一切，能力则在其次。再说一个小小的钱塘县尉，即便拥护变法，又能有多大作为呢？但蔡京的左右逢源之道就在于，他能够东拉西扯，尽可能地利用身边可以利用的资源，以便有所作为。第一个被他用上的人就是他的胞弟蔡卞。蔡卞此时混得比他好，已经是中书舍人兼侍讲（掌拟诏令）了。这个和蔡京中了同榜进士的年轻人其考试成绩的名次还不如弟弟靠前。蔡京被分配到钱塘去做县尉时，蔡卞则被派往江阴（今江苏省江阴市）去做主簿，两人半斤八两，在仕途上的起点差不多。但接下来，蔡卞之所以很快飞黄腾达，是靠了他岳父王安石。蔡卞和王安石的女儿成了亲，又趁机为变法鼓与呼，很快就从主簿的位置升到国子直讲、侍御史，乃至中书舍人兼侍讲。蔡京发现了这一层可以利用的关系之后，很快效仿其弟，以改革派自居，在钱塘遂成人物。接下来事情发生了微妙的变化。蔡京惊喜地发现，自己的职务开始有了变化。先是升为舒州（今安徽省安庆市）推官，然后直接上调中央任起居郎（记录皇帝起居行动的秘书官），再然后出使辽国。短暂镀金回来后便跟蔡卞一样做了一名中书舍人，即天子近臣了。

但这还没完。蔡京的仕途还在看涨。他接下来任龙图阁待制（掌本朝各帝之书法、诗文作品，并参与议政以备顾问）。这便发挥他的书法特长了，虽是一虚职，却也是荣誉虚职，元丰七年（1084年）蔡京权知开封府——做了帝国首都的一把手。这是含金量颇高的实职。只是很快，蔡京就发现风向变了。因为第二年，神宗死了，还不到十岁的宋哲宗继位，神宗之母高氏以太皇太后的身份手握大权，守旧派领袖司马光上台，尽反王安石时期的政策。这时，蔡京又面临两个类似的选择。或坚持变法，或反对变法。这一次他选择的是后者。而机会也在悄悄降临。元祐元年（1086年）二月，司马光下令全国各地自接到命令后的五天内将免役法全部改为差役法。这是考验帝国官员政治立场的时刻，而司马光所规定的五天期限也实在是太短了些，很多官员为此牢骚满腹。

蔡京是怎么做的呢？他雷厉风行，在第一时间将开封地区各县的免役法全都改成差役法，为全国官员做出了表率。司马光为此表扬他说："假如各级地方官都像你一样，有什么不能执行的呢？"蔡京的左右逢源之道似乎可以挽狂澜于既倒，在司马光时代他的仕途看上去依然光明。

只是很多正直的同志看不下去了。这其中包括殿中侍御史吕陶、监察御史孙升以及右司谏苏辙等。他们不断上书，向中央反映蔡京的人品问题。称这里头既存在贪赃枉法的情况，也存在做人无底线的问题，所谓有损士大夫的清誉，尤其是苏辙的上书可谓尖锐。他直指蔡京明知差役法有不尽如人意的地方，但还是在首善之区全力推行差役法。其目的与用心堪称险恶。而蔡京在任开封知府期间，庇护其下属官员段继隆公开卖官鬻爵一事，又成为他仕途上的一个污点。面对舆情汹汹，太皇太后无奈，只得任命蔡京为真定府知府（今河北省正定县）。从首都知府转任地方知府，这相当于降职了。但吕陶却还是认为处罚太轻，他继续上书，要求加大处罚力度。最后蔡京改任成德军知军，只相当于一个地区的军分区司令员，地位比知府还差了些。另外蔡京还被附加了经济处罚。元祐元年（1086年）六月，他因段继隆事件被罚金二十斤，仕途形象称得上雪上加霜。

接下来的一段日子，蔡京过得相当郁闷。因为即便是成德军知军，他也没做多久——中央又让他去瀛州（今河北省河间市）做知州了。瀛州是一个散州，瀛州知州的地位相当于知县。从天子近臣沦为七品芝麻官，蔡京的仕途之路可谓坎坷。那么，如何东山再起呢？蔡京的看家本领依然是信奉左右逢源之道。他挥毫泼墨，穿古旧服装，做守旧派，似乎是向身在朝廷的司马光致意。在瀛州，如果有人向他提及变法旧事，蔡京是要拂袖而去的。一个被贬之人依旧紧跟潮流，蔡京赌的就是"明天会更好"。

明天果然比今天好。在历知瀛州、扬州、郓州和永兴军后，蔡京升迁了，成为成都知府。他的努力没有白费。左右逢源之道就是在任何时候不抛弃、不放弃，此谓中庸。这或许就是蔡京对此的理解。所以接下来，即便谏官范祖禹认为"蔡京为人，心藏奸巧，见风使舵，有奶即为娘，绝不可大用"！他的成都知府一职因此被免，只得改任江淮荆浙发运使，此时的蔡京依然在等待明天。人生的路很长，仕途更长。蔡京理解左右逢源是道而不是术，要风物长宜放眼量。

仕途风波恶

　　世事如棋局局新。对蔡京来说，每一次政局的变动，既是风险，其实也是机会。所以左右逢源说到底还是纠偏行动，那是相当的必要和重要。元祐八年（1093年）九月，蔡京发现政局又有变动了。这一个月里太皇太后高氏死了，十八岁的哲宗赵煦亲掌朝政。这个血气方刚的年轻人一上台就做出了一个含义丰富的举动——把王安石变法的反对者、礼部尚书苏辙贬知汝州。次年四月，哲宗改元绍圣元年，意思是要追随神宗之政，重举变法大旗。而一批熙宁、元丰时期的变法人物章惇、林希、曾布、许将、蔡卞、李清臣和邓温伯等被任命为执政大臣，蔡京感觉此刻他又可以有所作为了。

　　果然，一纸诏令下来，蔡京回京了。他的弟弟蔡卞此时做右丞相，也希望哥哥回来帮衬一下。蔡京立即心领神会，他回到开封，首选的公关对象是章惇。章惇时任第一丞相，想恢复变役法，置司讲议，却不知如何是好。蔡京出主意说："取熙宁成法施行之，尔何以讲为？"（见《重刊兴化府志》）意思是，您只须照搬熙宁成法就可以，为什么要讲议它呢？章惇恍然大悟："然之，雇役遂定。"

　　这是蔡京在绍圣初年的首次出招，所谓左右逢源，要的就是没有半点心理障碍。接下来蔡京死心塌地地为章惇提供全方位服务，就像当年为司马光提供的那些服务一样，真可谓周到体贴。右正言孙谔攻击章惇照搬熙宁成法，章惇不知如何是好时，蔡京马上弹劾他"身为右正言，不为朝廷分忧，竟敢诋毁先圣之法，真乃大逆不道"。于是孙愕被定性为元祐党人，被驱逐出朝廷。而监察御史常安民接下来对章惇和蔡京的弹劾则从一个侧面反映出章、蔡两人的亲密关系。常安民上疏说："蔡京奸足以惑众，辩足以饰非，巧足以移夺人主的视听，力足以颠倒天下是非。章惇把他当作心腹，专掌国家大权，培植同党，排除异己，妨害绍述先圣之法，使天下变法志士为之寒心。臣恳请陛下将蔡京逐出朝廷，压制章惇。"

很遗憾，常安民的弹劾无济于事。就像他在奏疏里说的那样，左右逢源的蔡京在此刻已然成为章惇的心腹，专掌国家大权，他入权户部尚书，翰林学士兼侍读（掌制诰，兼为帝王讲学），修国史，进承旨（首席翰林学士）。官阶至正三品，再一次成了天子近臣。而蔡京还想离权力核心更近。他向哲宗与皇后献词，称"三十六富人第一，玉楼深处梦熊罴"。当然蔡京献词意有所指，他看上了右丞相的位置。当时蔡卞已经是右丞相了，时任知枢密院士的曾布出于权力平衡的需要，上疏反对蔡京高升。曾布是章惇的"战略合作伙伴"，曾力赞章惇的"绍述"之议，也是哲宗相当看重的高官。他上疏反对，哲宗还颇为费解，再加上当时有童谣"大惇小惇，入地无门；大蔡小蔡，还他命债"被台谏两院大臣反复引用，成为借机弹劾蔡京的理由，所以博弈平衡的结果便是蔡京仍兼任翰林学士，为北门承旨，天子近臣的地位没有动摇，却也没能再往上走一步。

仕途总是风波恶，"城门失火，殃及池鱼"。元符三年（1100年）发生的政局变动使蔡京再一次跌入人生的谷底。这一年正月，二十四岁的宋哲宗赵煦病逝。他在位十六年，纪元却有三个：元祐、绍圣、元符。这似乎暗示了一个年轻皇帝的跃跃欲试，当然最后的结局是无奈的；而蔡京等人，仕途则是浮沉不定。从神宗时代走来，经常朝令夕改，接下来选谁当接班人，关系到他们的仕途荣辱。在这关键时刻，久经考验的宰相章惇却在帝王接班人问题上犯了重大的政治错误。由于宋哲宗赵煦无子嗣，章惇便让皇太后向氏提出应当立哲宗同母弟简王似。这在礼律上似乎是有依据的，但向太后不同意，说自己无子，其余诸王都是神宗的庶子，何必非要立哲宗同母弟为帝呢？言外之意很明确，那就是在立何人为帝这个问题上，礼律可以不考虑。但章惇这时还是坚持己见，他提出根据长幼当立申王佖为帝。向太后又表示反对，理由是申王有病，不可立。与此同时，向太后提出了选端王赵佶，并引神宗语录"端王有福寿，又仁孝，应当立端王"。章惇重大的政治错误就在这个时刻犯下，他说了一句足以改变其命运的话："端王轻佻，不足以为天下君主。"

仕途博弈讲究的是火候。由于曾布在这关键时刻倒向向太后，要章惇"一切听太后处分"，章惇的出局似乎毫无悬念。一个是向太后不喜欢他这样的刺儿头在新朝继续锋芒毕露；另一个是新上位的皇帝宋徽宗也不容他。1100年9月，徽宗下旨，称章惇作为山陵使，却使哲宗的灵车陷于泥泞中不能前进，以致露宿野外，是不忠不孝的表现，罢其出知越州（今浙江省绍兴市），从一品大臣直接贬为七品芝麻官。不到一个月，又贬为武昌军节度副使，潭州（今湖南省长沙市）安置。随后再贬至雷州（今广东省海康县）司户参军。这就有些流放的意味了。崇宁四年（1105年），七十一岁的章惇死于贬所睦州（今浙江省建德市）。

毫无疑问，章惇的被贬不是孤立现象。蔡京作为其死党级追随者，也受到了牵连。徽宗先是将他由翰林承旨罢知太原府（今山西省境内），随后又出知江宁府（今江苏省南京市）。蔡京则迁延不到任，试图找到事情的转机。作为一个仕途浮沉者，蔡京从地方到中央又从中央到地方，辗转迁延已是寻常事。这些年皇帝走马灯似的换，危机、生机常在一线间。蔡京或许以为，章惇祸从口出那是章惇的事，自己毕竟无大错。只要人在京城，假以时日的话，应当可以转危为安。但这一次蔡京错了。由于御史陈次升等联名弹劾他"抗旨不遵"，语涉对新天子的皇权尊重与否的大问题，徽宗勃然大怒，将蔡京一撤到底，令他出居杭州，提举洞霄宫（挂职于道宫，以领俸禄）。洞霄宫是杭州的一处离宫，蔡京被置于此处闲挂起来，无职无权无品，似乎永无翻身之日了。

"触底反弹"的深层次原因

　　"触底反弹"这四个字貌似轻易，却着实不容易做到。因为它既需要一股强大的外力，也需要机缘巧合，是综合实力的体现。蔡京于靖国元年（1101年）提举洞宵宫，同年十二月就复出为龙图阁直学士，知定州。次年也就是崇宁元年（1102年）三月，蔡京离开定州，官任翰林学士承旨，兼修国史。六月，封尚书左丞。七月，官拜尚书右仆射兼中书侍郎，成为货真价实的宰相。短短一年多时间，蔡京不仅触底反弹，而且弹的高度超过既往。那么他是如何做到这一点的呢？

　　细细总结下来，有这么三点：

　　一是利用自身优势满足徽宗的特殊需求。徽宗喜欢书画工艺品，派了宦官童贯去苏杭搜访。蔡京的书法绘画在当时堪称一绝，他主动进献，通过童贯将其书画作品断断续续送往宫中。一方面促使徽宗产生惺惺相惜之意；另一方面也是表达自己的忠心。

　　二是抓住政局的微妙变化，力图为我所用，并且有所作为。徽宗刚上位，于国策取中庸之道，停止了对元祐旧臣的打击，为文彦博、王珪和司马光等三十三名元祐大臣平反，恢复官职；与此同时，放逐章惇，将新党安惇、蹇序辰等重要官员除名。在人事问题上左右并用，拜韩忠彦为左相，拜拥戴自己继位的曾布为右相，而改元"建中靖国"意欲调和熙丰与元祐党争。只是政局的微妙变化不以徽宗的调停而停止，相反，新的党争局面很快形成。曾布与韩忠彦政见不合，"向左走"还是"向右走"事关当事各方的切身利益。相持不下之际，蔡京就成了一颗重要棋子——曾布试图用他来打击韩忠彦，而这正是蔡京快速触底反弹的原因之一。

三是蔡京启动"绿色通道"，全方位对徽宗进行公关。曾布试图用蔡京来打击韩忠彦没错，不过用不用他却是皇帝的问题。书画作品虽然源源不断地送往宫中，但这未必就能换来锦绣前程。蔡京觉得还是要加大力度。于是一个叫徐知常的著名道士被安插进宫中，专司在徽宗面前美言蔡京，称非拜蔡京为相不可。徽宗崇奉道教，对著名道士的话相当重视。蔡京全方位对徽宗进行公关的效果可谓立竿见影。

正是以上三个方面因素的综合作用才使得蔡京的触底反弹。但其实，蔡京的触底反弹不是一步到位的。他甚至都没能马上回京。靖国元年（1101年）十二月，蔡京虽复出为龙图阁直学士，却是知定州——任定州（今河北省定县）知州，随后他又改任大名府（今河北省大名县）知府。仕途的扑朔迷离之处也正在于此。蔡京虽然已全方位对徽宗进行公关，徽宗却还在要不要大用他上犹豫不决。这其实事关国策大计。宋哲宗赵煦先元祐后绍圣再元符，国策有来回摇摆之嫌，宋徽宗上位走中庸之道，改元"建中靖国"，其实是出于时势的需要。就是要两手都抓，不可偏颇。如果蔡京回京为相，势必要赶走韩忠彦，如此一来，曾布和蔡京政见相同，都属改革派，若两人联手组阁的话，"建中靖国"就又要改元了——"改"还是"不改"，这对十九岁的小伙子徽宗来说是个诱惑，也是个疑惑。因为组阁者政见相同的话，从领导艺术来说未必是好事——所谓有博弈才有平衡，又说平衡总是动态的，这个道理徽宗肯定明白。

关键时刻，起居舍人邓洵武站出来打破僵局。他对徽宗说了如下具有激将效果的一番话："陛下乃先帝（神宗）子，今相（韩）绮之子。先帝行新法以利民，绮尝论其非；今忠彦为相，更先帝之法，是忠彦能继父志，陛下不能也。（陛下）必欲继志述事，非用蔡京不可！"与此同时，他画了一幅画呈给徽宗，名曰《爱莫能助之画》。这张画以左右分列的形式展示了朝廷官员截然相反的政治立场，又在左下角注明："若欲绍述先烈，非相斯人不可。"这个"斯人"指的就是蔡京。邓洵武之所以如此卖力地推出蔡京，其实也是蔡京左右逢源之道的一个体现。邓洵武是神宗时国史院编修官、中书舍人邓绾之子，邓绾因为人品有问题被神宗斥贬，而邓洵武子承父业后也存在类似问题而被哲宗斥罢，但蔡京任翰林学士承旨兼修国史时却力保邓洵武复职。虽然在当时他们没有直接的利害关系，但蔡京的为官之道是帮一个人就要以待将来用得上——现在，这个人终于在他失意之时伸出了援手。所言所行不过是锦上添花而已，在上述三方面综合因素的基础上，成功地帮助蔡京完成了触底反弹。

四度为相的传奇及终结

崇宁元年（1102年）六月，蔡京终于回京，但是回京只是万里长征走完了第一步，以后的路更长，任务更艰巨。虽然徽宗在邓洵武的忽悠下已经把年号改为"崇宁"，取追崇熙宁新法的意思，而且在此前一个月罢免了韩忠彦左相一职，同时拜蔡京为尚书左丞。尚书左丞是副宰相，位在曾布之下。如此，新的矛盾产生。虽然在蔡京回京问题上曾布曾经有所进言，但真实目的则是用其为打击韩忠彦的武器，现在韩忠彦已倒，蔡京和他一起组阁，同盟转眼就成了对手。并且蔡京在运作自己回京的过程中动员了方方面面的力量，犹如一颗快速升起的政坛巨星，势头不是说止就能止的，所以接下来，新的博弈已是不可避免。

当然对蔡京来说，也面临同样的问题——拿下曾布，自己取而代之。道德评判可以先放一边。这样的时代，左右逢源者胜。毕竟曾布也是在徽宗上位的过程中靠左右逢源之道博得向太后的青睐，才从知枢密院的位置上转正为宰相的。蔡京此番后发制人，很快，他抓住了曾布的一个把柄——欲任用儿女亲家陈佑甫为户部侍郎，涉嫌以权谋私。就这样，曾布被罢相，先是出知润州（今江苏省镇江市），随后在大观元年（1107年）死在谪贬之地。而蔡京轻而易举地取代他的相位，并拉开了四度为相的辉煌生涯。

他的传奇至此才真正开始。

北宋神宗以降，在"铁打的相位流水的相"的背景下，王安石、司马光等人都曾抱憾而去，更别说过客般的韩忠彦和曾布了。蔡京何德何能，可以四度为相呢？说到底，靠的是左右逢源之道。

蔡京上位的三方面因素一言以蔽之就是左右逢源，处处讨徽宗的好，以至于徽宗在分别罢去韩忠彦和曾布后，紧拉蔡京的手说："神宗创立法制，先帝继之，两遭变更，国是未定。朕欲绍述父兄之志，卿何以教朕？"一副国是唯君托之的样子。而蔡京是怎么回应的？他马上逢迎，表示"愿尽死"。这是蔡京首为国相的良好开端。

但是崇宁五年（1106年），一颗彗星在帝国上空的出现让他丢了相位，蔡京被罢为开府仪同三司、中太一宫使。不过很快，蔡京就复相了。第二年也就是大观元年（1107年）正月，蔡京重任尚书左仆射及中书侍郎的职务，被罢相的时间还不到一年。对于"政坛不倒翁"蔡京来说，一颗在帝国上空出现的彗星只不过是流星罢了，不可能对他造成实质性的伤害。

大观三年（1109年），中丞石公弼、侍御史张克公等人掀起新一轮弹劾蔡京的高潮。同年六月，蔡京被罢尚书左仆射的职务，改任中太一宫使，但仍然住在京城。随后侍御史洪彦章、太学生陈朝老等人继续弹劾蔡京，要求将其流放外地，徽宗置若罔闻。大观四年（1110年）五月，京城久旱无雨，彗星再次出现。中丞石公弼、侍御史张克公、毛注等数十次上奏弹劾蔡京不忠不轨等几十条罪状。宋徽宗无奈，只得下令将蔡京贬逐出京，至杭州居住。但两年后的政和二年（1112年），蔡京就咸鱼翻身了，他被召复辅政，重新为相。

蔡京几度浮沉却安然无恙的终极秘诀就是掌握了逢迎术。而这正是左右逢源之精义所在。崇宁三年（1104年），蔡京向宋徽宗提倡丰、享、豫、大之说，随后鼓动他铸九鼎、建明堂、修方泽、立道观，作《大晟乐》，制定命宝，直让徽宗引其为知己，蔡京又让长子蔡攸参与宫中秘戏，混杂于倡优侏儒之中取悦徽宗。父子二人齐上阵，使徽宗欲罢不能，这也是蔡京屡屡咸鱼翻身的秘密所在。

宣和二年（1120年），年过七旬的蔡京被令致仕（退休）。人们都以为他就此退出政坛了，但四年后，七十九岁的他奇迹般地复出。这是他第四次入相，虽然已经老眼昏花，无法写字，却由他幼子蔡绦代理公务。离靖康元年（1126年）帝国巨变只有短短的两年时间了。

还是说说蔡京的最后归宿吧。靖康元年（1126年）正月，金兵攻打开封，蔡京追随宋徽宗南逃，而国事则由钦宗代理。太学生陈东率领数百名太学生伏阙上书论"六贼"之罪，指出蔡京为"六贼"之首；二月侍御史孙觌上奏论蔡京、蔡攸、童贯之罪，钦宗宣布罢免蔡京父子、童贯官职；随后蔡京连贬崇信、庆远军节度副使，衡州安置；七月，蔡京再被移至儋州（今海南省儋县）安置，行至潭州（今湖南省长沙市）病死，死前写有绝命词一首，现在读来很有感慨人生的意味：

八十一年往事，三千里外无家，孤身骨肉各天涯，遥望神州泪下。

金殿五（注：应为四）曾拜相，玉堂十度宣麻，追思往日漫繁华，到此翻成梦话。

蔡京死后，他的子孙二十三人被分别流放至外地州军，遇赦不能返回，而其长子蔡攸、次子蔡绦都被诛杀。四度为相的"政坛不倒翁"就此倒下，传奇终结，而曾经庞大无比的北宋帝国，在短短数十年间，竟也成为蔡京仕途登龙术的牺牲品，转眼之间只拥有半壁江山，辉煌不再。

第 6 章

寇准：一个猛人的悬念人生

开局很美好

　　在太平兴国五年（980年）到淳化四年（993年）这十三年的时间，寇准的仕途可谓节节高。太平兴国五年是庚辰年（龙年），在这一年，十九岁的寇准进士及第，成了该榜最年轻的进士。这一年闰三月，四十一岁的宋太宗心情也很好。因为两年前他收吴越，一年前灭北汉，建功立业，一切顺风顺水。又特别重视文化建设。太平兴国二年（977年），宋太宗视察史馆、昭文馆和集贤院三馆的藏书时，目睹馆舍破败不堪，立刻发表最高指示："若此之陋，岂可以蓄天下图籍、延四方贤俊耶？"于是别建三馆，赐名"崇文院"，迁旧馆藏书充实之。总之，他是个热心文化事业的皇帝。太平兴国五年（980年），他又亲自主持科举殿试，录取进士一百一十九人。这在帝国科举史上，算是个丰收年了。当然对于"丰收"的定义，宋太宗是在好多年后才慢慢领悟出来的。因为从该榜进士中，先后走出了四位宰相，比如李沆、寇准和苏易简。苏易简是梓州铜山（今四川省境内）人。太平兴国五年（980年）那年他才二十八岁，正是风华正茂的年纪。此时得中状元，人生一马平川。淳化二年（991年），苏易简先是迁给事中，后拜参知政事，算是正式入相了。从一个状元郎到国之宰相，苏易简只用了十一年时间。那么淳化二年（991年）时，寇准又在做什么呢？

　　这一年，寇准三十岁，被太宗皇帝钦点为枢密副使，和同样官拜参知政事的李沆、苏易简成为帝国权力场的核心人物，而且前途一片光明。虽然在官职上，李沆、苏易简比他高，但寇准优势明显，那就是年轻。苏易简比他大九岁，马上就奔四了；李沆比他大十四岁，这一年已经四十四岁，比寇准大了一轮还多。寇准年仅三十岁就做了枢密副使——枢密副使相当于现在的军委副主席，古往今来，三十岁就做到这个级别的，确实不多，所以其他官场中人也对他刮目相看。

但世上事多曲折，也多辩证。年轻是优势不假，但年轻人也容易冲动，不够理性。所谓刚有余而柔不足，年轻人往往很难做到刚柔并济。那么，寇准的性格又如何呢？在历史上很是耐人寻味。寇准初中进士后，先被任命为大理评事，一年后又被派往归州巴东任知县。这一年他差不多二十岁。二十岁的寇准在巴东写过一首名曰《春日登楼怀归》的诗："高楼聊引望，杳杳一川平。野水无人渡，孤舟尽日横。荒村生断霭，古寺语流莺。旧业遥清渭，沉思忽自惊。"意思是说从眼前高楼远望，只见一条河流、一只渡船，四野空旷无人，不见渡者，也不知船家何往，尽日只有那孤零零的渡船横躺在水里漂荡。而把目光投向荒村时，已近黄昏，村里人家大约已在点火做饭了，冒出缕缕轻烟。不远处的古寺那边，不时传来黄莺婉转清脆的啼鸣声。寇准触景生情，不禁想到家乡的一草一木，触动了乡愁——很难想象，这样一首苍凉悲寂的诗会出自二十岁的年轻人之手。而就诗论人，寇准的性格是多愁善感、悲天悯人的，但事实并非如此，寇准在历史上是个不折不扣的猛人。端拱元年（988年），寇准因为在地方上业绩突出，上调中央任盐铁判官。宋太宗也因此对他刚猛的性格有所领略。比如寇准上殿奏事，因为话说得很生硬，太宗听不进去，就生气地要回内宫。寇准不让走，扯住太宗的衣角，逼他听自己把话讲完。完全是猛人一个。另外，在参劾参知政事王沔的兄弟王淮监守自盗的问题上，寇准也很猛。淳化初年，北宋出了两桩经济案件。一是王淮监守自盗，贪污公款数以千万计；另一个是叫祖吉的小官员受贿，捞了一点钱财被人告发。有案子不稀奇，稀奇的是处理结果。王淮虽然案情严重，却仅仅被行政撤职，过后不久又官复原职；而犯罪情节轻微的祖吉却被判了死刑，处死了。朝廷很多官员对这样的司法不公之所以不置一词，原因是王淮有一个做参知政事的兄弟王沔。大家都是官场中人，都懂利害得失。偏偏寇准站出来打破潜规则，告发王沔涉嫌司法不公。其猛人性格，由此可见一斑。

最初，太宗对寇准的"猛"还是能容忍的，甚至是赞许有加的。寇准上殿奏事，扯住太宗的衣角，逼他听自己把话讲完。太宗不但不恼，反而称赞他说："我得到寇准，像唐太宗得到魏徵一样。"这是取其直言敢谏之意；寇准弹劾王沔，太宗没有因为王沔是参知政事就袒护他，而是站在寇准一边，任命他为左谏议大夫，又将其枢密副使一职改为同知枢密院事，这是提拔重用寇准了。然而到了淳化四年（993年），貌似一帆风顺的寇准突然被皇帝免职，贬知青州——打发到地方上去了。这事说起来也不完全是寇准的错，而是他的同事知枢密院事张逊因为和寇准在工作上不对付，借机找事弹劾他，结果寇准和他在皇帝面前相互攻讦，"辞意俱厉"，且"互发其私"，两人都扬言要辞职，并以揭发对方隐私为手段进行攻击。结果，宋太宗勃然大怒，将张逊贬为右领军卫将军，寇准也被罢守本官。虽然在这件事上，张逊比寇准所犯错误更加严重，但结果是寇准受到的处罚似乎比张逊还要重些。原因何在？大概还在于寇准性格上的"猛"吧。如果我们仔细梳理寇准的猛言猛行，或许可以发现，太宗对他的赏与罚还是有道理的。寇准上殿奏事，扯住太宗的衣角，逼他听自己把话讲完。虽然行为欠妥，出发点却是为国事，所以太宗赞许他；至于寇准打破潜规则弹劾王沔，更是为国事考虑，所以太宗要提拔重用他。至于此番寇准和张逊因为工作协作关系不佳，不但不想办法解决，反而将矛盾激化，咆哮于公堂，且扬言要辞职，这个属于个人领导艺术或者说领导方法论问题了，太宗自然是不能容忍的。所以，寇准的降职，当是自作自受。

"绑架"皇帝

一年之后，寇准就重回中央工作了，且升任参知政事。这不是因为寇准在地方上做出了什么惊天动地的政绩，只是因为太宗皇帝想他了。皇帝也是人，也有七情六欲。寇准的性格让人既反感又喜欢，有这么一个有趣的人在身边，也是蛮好玩的。而寇准重回中央，性格似乎也变温顺了很多，让太宗惊喜不已。

至道元年（995年）时，太宗皇帝已经五十六岁，开始考虑立储问题。他征询寇准的意见，寇准却说："陛下为万民选择储君，不可与人、宦官商量，也不可与近臣谋定。唯有陛下自己斟酌，来挑选负有天下众望者。"这话说得极妥帖，很有老成持重的意思。太宗听了，自然喜欢。他想立襄王元侃为太子，又征询寇准的意见。寇准却又说："知子莫若父。圣意既已明确，就应马上确定。"事实上，寇准的善解人意不单单体现在此。当京师百姓夹道围观出行的太子欢呼雀跃时，太宗心生嫌隙，认为人心已归太子。寇准此时这样劝他："这是社稷之福！"此话赢得太宗赞赏不已。寇准如此善解人意，和他往日的"猛"糅合在一起貌似矛盾，却在更高层面上展现了他性格中的两面性，并且这样的两面性在他接下来的仕途人生中交叉体现出来，为他带来或福或祸、或浮或沉的过山车般的体验，这是寇准非同常人之处，也是他的人生具有较大起伏性的一个原动力。

至道二年（996年），寇准爱冲动的老毛病又犯了。这年七月，在一次人事变动中，虞部员外郎冯拯因为自己的官阶排序问题向太宗打报告，指其任用不公。又有广南东路转运使康戬积极跟进，也向皇帝打报告称寇准借引荐之恩对宰相吕端、参知政事张洎和李昌龄施加压力，从而在政事上为所欲为。这个问题涉及党争，太宗便找吕端谈话，吕端解释说寇准的性格比较刚强，自己为了团结协作考虑，不愿与他多计较。找张洎谈话，张洎竟然检举揭发寇准在私下里说过对皇帝不敬的话。由此问题变严重起来。太宗在朝堂之上婉转批评寇准，而寇准到了这个地步仍不知进退，大声嚷嚷要求与相关人等展开辩论。太宗考虑相关人等都是宰辅大臣，真要当庭分辩的话，有失大臣之体。不允。寇准再三要求，言语间颇有冲撞，太宗皇帝只得叹惜："鼠雀尚知人意，何况人呢！"对寇准的莽撞性格相当失望。

这次事件成为寇准仕途的又一个拐点，因为随后他被贬为邓州知州，在地方上度过了五年多时间。从河南邓州调任河阳（今河南省孟县），再到同州（今陕西省大荔县）和凤翔（今陕西省凤翔县），终太宗余生都未重回中央工作。寇准在这些地方从政，性格依旧莽撞，酒一喝就是三十盏之多，却是不醉，算得上是豪饮了。不过，这当是寂寞的豪饮，是一个人与权力核心远离的落寞。说实在的，寇准其实既没有党争的心机，也没有那样的欲望。他只是率真而活。只不过这样的率真常常会伤害到某些人，或者说被身边的某些人所利用。这就是寇准为他自己的错误、更为其难以容人的性格买单的结果，但无人知晓这样的买单需要多少时日，是否还有尽头。

至道三年（997年），寇准发现自己的职位悄然有了变化——他被提拔为工部侍郎了。这年三月，太宗驾崩，真宗继位。寇准因为当年有定策之功，真宗便向他抛出橄榄枝。但是这橄榄枝颇有些含糊，寇准虽被提拔为工部侍郎，却依旧待在地方上没动，依旧做他的父母官。这里要解释一下。北宋官场实行职、官、差分离制度，目的是为了制衡官员以及安排尽可能多的官员在政府系统任职。寇准的工部侍郎仅仅是职位而已，此前他的职位是给事中，属正四品。工部侍郎则为正三品，提了一个品秩。而他的官差依旧是知凤翔府——陕西凤翔地方的行政长官。也就是说真宗给了寇准一个面子，里子却还是没变。那么这其中究竟出了什么问题呢？

问题还是出在寇准难以与他人合作的性格上。此时的中央依旧是吕端为宰相，寇准的同年李沆和向敏中为参知政事。吕端已经年过六旬，愈发成为一个稳重的长者。前文说过，吕端曾对太宗言寇准的性格比较刚强，他为了团结协作考虑，不愿与其多计较。至于李沆和向敏中，其实也对寇准的脾气比较反感。他要是回来，朝中的人事不是又要大乱吗？这正是真宗两难之处。所以他只能给寇准一个正三品的品秩，聊表对其定策之功的谢意。

历史的剧情行至此处出现了停顿。没有动力也没有阻力，而是变成了两条平行线，远远地将寇准的个人命运与这个帝国的国运分隔开来，相望于江湖。谁也不挨着谁，谁也不纠缠谁。但果真如此吗？其实不然，因为时间是可以改变一切的。个人命运也罢，帝国国运也罢，有时候缠绵恩怨，总在偶然事件间。有公元以来，人类历史的第一个千年悄然过去之时，寇准复出了。他闹出了极大的声响，将自己的命运和真宗的命运当赌注，活生生演绎出一幕惊险悬疑剧来，令剧中人和剧外人都大惊失色，并且叹为观止。

1000年是中国农历纪年庚子年（鼠年），也是契丹统和十八年，北宋咸平三年。这一年正月，辽宋之间发生了瀛州之战，辽军大举南下，兵锋已至瀛州（今河北省河间市）。宋真宗也将车驾驻跸大名府（今河北省大名县）。双方严阵以待。紧接着辽梁王耶律隆庆率军急攻，宋军大败。随后辽军自德（今山东省德州市）、棣（今山东省惠民县）过黄河、掠淄（今山东省淄博南）、齐（今山东省济南）而去。瀛州之战以宋军的失败而告终，宋真宗御驾亲征却效果未彰，只得自大名回开封。而他在河北大名坐镇指挥之时，曾召见寇准，并且有过一次详谈。这一年，久经考验的老同志、老干部吕端逝世，享年六十六岁。宋真宗赠其司空，谥正惠，表达了对他的深切怀念。当然从官场组织学来说，吕端逝世另有微妙意义。如果将这个意义与宋真宗召见寇准联系起来，明眼人或许会明白为什么两年之后，寇准被召回京师出任权知开封府——做开封市的代理市长。这个官的重要意义在于标志着寇准正式复出。因为在当时的内阁班子中，自吕端去后，李沆、吕蒙正和向敏中三人虽然相继接位，但真宗并不真正在意他们。瀛州之战后，向敏中被罢。紧接着老臣吕蒙正提出辞呈，真宗予以批准。李沆虽仍在相位上，真宗却似乎仍有期待。而他所期待的这个人毫无疑问就是寇准。

景德元年（1004年）七月，李沆突然病逝，帝国相位空缺。寇准的机会来了。八月，他和吏部侍郎、参知政事毕士安同时被任命为相。紧接着一场大考不期而至。闰九月，辽圣宗与萧太后率军大举南下，欲重演咸平三年（1000年）瀛州之战的故事。这一次辽军兵力超过二十万，规模远超四年前，志在夺取中原。参知政事王钦若和签书枢密院事陈尧叟两位大臣提议避难金陵或成都，这其实是迁都的意思。但寇准却建议正面迎敌，并且希望真宗皇帝御驾亲征。这实在是一场豪赌，赌的不仅是国运，也有真宗的性命。因为谁都没有把握可以稳操胜券，咸平三年（1000年）瀛州之战真宗也御驾亲征了，结果无功而返，面子丢大了。现在辽军来势汹汹，真宗若再次御驾亲征，一旦有所闪失的话，后果不堪设想。所以在这个层面上看寇准的提议，也实在是猛人才可以做得出来。寇准在建议真宗正面迎敌之时，言辞激烈，称王陈二人"为陛下出此下策（指南迁），其罪可杀"！从而将他们两个彻底得罪了。这是寇准为相后的第一次亮相。依旧力大势沉，不计后果，仍是猛人形象。但其实，后果是极其严重的。因为一旦赌输，他的身家性命也就完了。简而言之，这是一场输不起的豪赌。

从后来的史实看，真宗之所以同意寇准的御驾亲征，并非完全出于对他的信任，而是因为他被寇准给出的理由绑架了，上得去下不来。比如寇准说，如果陛下弃太庙、社稷不顾而南迁，势必会人心惶惶导致局面不可收拾，江山很有可能不保。这其实事关天子的形象问题。寇准把话说到这个地步，实际上是把真宗架在火上烤，他不御驾亲征都不行了——而从人心人性的角度讲，真宗未必不对寇准有怨恨，这个从澶渊之盟后，寇准很快就被罢相可以看出来。

再回到历史现场，我们来看一下寇准接下来是如何架着真宗一步步往险地里走的。同年十一月，真宗御驾亲征抵达澶州(今河南省濮阳市)南城时，不敢渡河踏入北城，因为辽军先头部队已在北岸和宋军交火，真宗怕过河后有危险。随行的大部分文武官员也支持皇帝就待在南城。而寇准先是以"不渡黄河不足以鼓舞士气"等言语激真宗，后又忽悠殿前都指挥使高琼和他站在同一立场上逼真宗过河。真宗无奈，只得勉强过河。

真宗虽然过河到了北城，心里却是战战兢兢。他每天派人暗中观察寇准的动静，看看是镇定自若还是惊慌失措，以便为自己接下来行动做参考。这其实是对寇准的不信任——君臣关系如此紧张、脆弱，寇准仕途危矣。

由于宋军顽强抵抗，辽军久攻不下，提出休战议和。在寇准面授机宜下，天子使臣曹利用代表朝廷赴辽营谈判，将原拟的宋廷每年可支付百万银绢剧减为三十万。澶渊之盟签订后，宋辽战事尘埃落定。回顾这场战事的前因后果，一个无可否认的事实是寇准赌赢了。他的猛人性格在这一回不但没惹祸，还为他赢得生前身后名。真宗也没有马上秋后算账，似乎对寇准更加恩宠。他厚加赏赐，并且在毕士安去世后，规定国政只听寇准一人指点——寇准的仕途人生至此达到顶点。他本是豪放之人，不拘小节，史书上称他"颇矜其功"。由此，一个盛极而衰的拐点即将到来，而寇准却茫茫然不知祸之将至，以为自己立下了不世之功，自然前程远大，毋庸置疑。

参知政事王钦若之所以选择在两年之后的景德三年（1006年）向寇准发难，背后是有深意藏焉的。当寇准主战，宋辽战事以和议告终之时，其实也就意味着逃跑派的失败。所以澶渊之盟签订后，王钦若需要韬光养晦，以避寇准锋芒。再说在这个时候向寇准发难，真宗也不好下手，毕竟要顾及民心。寇准在大功告成后的两年时间里，"颇矜其功"，得罪了很多官员，导致舆情汹涌。另外从皇帝的角度来说，他也不希望大臣间权力失衡。国政只听寇准一人指点只能是短期行为。这是参知政事王钦若对圣心的一个揣测。后来证明，这样的揣测是对的。景德三年（1006年）春，在一次普通的早朝退朝后，王钦若悄悄地向真宗进言，称澶渊之盟其实是城下之盟，寇准不以为耻反以为荣，谈不上有什么功劳。另外，想到寇准当年的所作所为，绑架天子于危地，其实并无胜算，实在是孤注一掷而已。为臣子者如此作为，当属不忠。于是，寇准被真宗罢去相位，出知陕州(今河南省三门峡西)，接替他出任宰相的是一个叫王旦的官员。而王钦若也得以重回中央，被提拔为知枢密院事，形成新的权力格局。

这一年，寇准四十四岁。人生已经过半。

禀性难移，自食其果

在此后的七年时间里，寇准在陕州和大名府两地做官，没有半点东山再起的迹象。他流连在一个酒樽和另一个酒樽之间，和性情中人比拼酒量，直将生活目的简化为一个"酒"字。大中祥符六年（1013年），寇准的仕途之路悄然发生变化。他重回京师，做了开封市的代理市长。一如十一年前他复出时的情形那样，明眼人都知道，寇准又有戏了。果不其然，一年之后，寇准就升任枢密使，取代了王钦若的位置。没有人知道寇准复出背后的动力或者说原因是什么。唯一可以检索的蛛丝马迹是五年前，也就是大中祥符元年（1008年）十月，真宗封禅泰山，召寇准随行。或许有过什么暗示，或许只是皇帝心血来潮，要不然为什么要在五年后寇准才得以复出？个中缘由，实非外人可以知晓。这其实从一个侧面可以看出，寇准在两任天子心目中的地位。一个性格刚猛，偶尔也会善解人意，其人生注定起起伏伏。

果然起起伏伏，因为寇准的老毛病又犯了。王钦若赋闲后，寇准将进攻的矛头对准其同党、三司使林特，真宗多次暗示寇准适可而止，要团结不要内斗，寇准却不依不饶，搞得皇帝心烦意乱。与此同时，寇准和他的同事枢密副使曹利用以及上级宰相王旦也发生了矛盾。寇准老是向皇帝反映王旦的工作方法有问题，王旦却以柔克刚，在皇帝面前称寇准做得还不错。久而久之，真宗得出一个结论，"寇准刚忿如昔"，不宜重用。大中祥符八年（1015年）四月，寇准被罢去枢密使职务，到西京河南府任知府，兼西京（今河南省洛阳市）留守。他再一次被赶出朝廷了，这一年寇准五十四岁，仕途几经浮沉，臭脾气一直没改，始终是北宋官场的另类。只是没有人看好他还会复出。因为他的年纪也实在是大了点，而西京（今河南省洛阳市）留守基本上是安置失意官员的一个闲职，大多不能再有作为的。

此时的寇准继续喝酒，失意之时总不忘借酒浇愁。而酒桌上的座次则不论官衔只论酒量，以酒量大小论英雄，排座次。甚至有手下属吏因为陪酒陪出病来，寇准也不以为意。他在自己的生日宴会上大摆排场，穿着黄色道服肆意行走，嬉笑怒骂百无禁忌。许多人都以为寇准不再留意于仕途，但他五十八岁那年，竟然神奇般地回到中书，代替王钦若被罢免的相职。这一切其实源于王旦对他的荐举。寇准此前虽然对他看不顺眼，在皇帝面前颇有微词，但王旦仍然时常称道寇准，在因病罢相后，他还竭力推荐寇准接替他的位置。天禧三年（1019年），在王钦若短暂的过渡之后，寇准再次复出为相。

老之将至的寇准在多次复出后秉性依然，对参知政事丁谓语多苛刻。丁谓相貌不佳，生一双斜眼，张目仰视，一看就不是善辈，事实上他也的确没什么才能，靠着紧跟王钦若大拍马屁，才慢慢爬到副宰相即参知政事的位置。对时任宰相的寇准，丁谓还是毕恭毕敬的，本来，在办公室政治中，寇准掌握着主动权。如能与同僚搞好关系，行事自然如行云流水、毫无阻滞的，但偏偏寇准猛人个性不改，对丁谓横眉冷对。一次，他们一起吃饭，丁谓见寇准的胡须被菜汤所污，忙起身为其揩拂，是谓溜其须，寇准嘲笑他说："参政，国之大臣，乃为长官拂须耶？"丁谓由此恼羞成怒，发誓要扳倒寇准。

悲剧就此酿成。第二年（1020年），真宗病重，刘皇后代理朝政，寇准密奏请以太子监国，他说："皇太子众望所归，愿陛下以江山社稷为重，早传帝位，选择中正之臣辅佐，丁谓、钱惟演不可重用。"在真宗同意此事后，寇准密起诏书，拟由太子监国，杨亿辅佐。这其实是个高风险的举动，因为他不仅侵犯丁谓的个人利益，也侵犯了刘皇后的利益。当然，寇准行事要是谨慎的话，趁着真宗大权在握，或能妥善处理此事。但问题是他的鲁蛮性格再一次害了他——在一次酒醉喝高之后，寇准管不住自己的嘴巴，让这个秘密外泄了，不久传到了丁谓的耳朵里。由此胜负易手，丁谓联手刘皇后，将寇准赶出了朝廷。先贬为道州（今湖南省道县）司马，再贬为雷州（今广东省雷州市）司户参军。宋仁宗天圣元年（1023年），在雷州（今广东省雷州市）的寇准已是病入膏肓。他写下《病中书》一首，曰："多病将经年，逢迎故不能。书惟看药录，客只待医僧。壮志销如雷，幽怀冷似冰。郡斋风雨后，无睡对寒灯。"寂寞苍凉，再无半点生气，不似他二十岁时写《春日登楼怀归》一诗，有着"为赋新词强说愁"的味道。这一次，寇准是真的累了，倦了，也失望了。

　　一个猛人的一生至此戛然而止，史书曰："寇准天圣元年（1023年）卒于贬所，年六十三岁。"仅此而已，再无多言。

第 7 章

胡惟庸：掌控不住仕途的欲望丞相

帝国的人事变动

　　大明洪武六年（1373年）正月，做了三年中书省参知政事的胡惟庸惊讶地发现：帝国人事出现了异动。皇帝朱元璋以"广洋无所建白，久之"　（见《明史》）为由将右丞相汪广洋贬为广东行省参政。丞相一职暂时空缺，甚至春天已然过去，夏天也如火如荼地到来之时，朱元璋也不明下红头文件，指定新的人选来主持中书省的工作。作为参知政事的胡惟庸一边干着中书省的实际工作，一边感慨帝国权力场的情境变得微妙起来。

　　帝国创建伊始，中书省第一届权力格局为左丞相李善长加右丞相徐达。这李善长是朱元璋的淮西老乡和儿女亲家，朱元璋当年起兵自立为吴王时，就以李善长为右相国，居百官之首（彼时官阶品秩尚右，故有此说）。洪武三年（1370年），朱元璋封李善长为韩国公，岁禄四千石，子孙世袭；予铁卷，免二死，子免一死。意思是朱元璋在洪武三年（1370年）时特赐李善长一方铁质的凭券，上面标明李善长若犯事可享免除两次死刑、他儿子免除一次死刑的政治待遇。甚至朱元璋评价李善长时称之为"在世萧何"，这个评价可谓盛誉。的确，在过去的戎马岁月中，李善长虽然只负责军队粮饷的供应，却深得朱元璋信赖。但世事变幻莫测，李善长的丞相竟只做到洪武四年（1371年），随后就戛然而止了。那一年，他以疾致仕（退休），时年五十八岁。朱元璋也没有做出什么挽留的表示，而是很快批准了他的病休报告。事实上李善长的病也不是什么大病，因为他在病好之后开始专门负责筹建临濠（今安徽省凤阳县，朱元

璋老家）宫殿事宜。在当时，朱元璋迁徙了江南十四万富饶人家到临濠去，以
充实、发展他老家的生产和经济，又让李善长专门负责这件事。虽然筹建临濠
宫殿之事也很重要，不过和一国之相所要承担的责任和荣誉相比，很显然，李
善长是被弃用了。并且这样的弃用是用一种很委婉的方式表现出来的。其实在
帝国权力场，类似的事情是很敏感的，外人不便深究，当事人又不愿细说，便
成为官场的禁忌话题之一，人人熟视无睹，多作不感兴趣状。

应该说胡惟庸在心里对此事是很有好奇心的。这不仅仅是出于猎奇的本
能，还在于跟自己有利害关系。因为说到底他是李善长一派的，也就是所谓的
淮西派。李善长是定远（今安徽省境内）人，元末时就追随朱元璋做了他的幕
府掌书记。李善长一步步发达后，追随他的人就被称作淮西派。李善长当年在
位时，曾经提拔同为安徽定远人的胡惟庸为太常少卿，不久又升其为太常寺
卿。甚至胡惟庸后来任职中书省参知政事，也是李善长力荐的，所以胡惟庸可
称为铁杆的淮西派。其实在李善长去位前，胡惟庸听到一个小道消息，说李曾
被朱元璋告诫说："人之一心，极艰检点，心为身之主，若一事不合理，则百
事皆废，所以常自检点，凡事必求至当。"这是朱元璋暗示李善长要急流勇退
的意思；而另一个小道消息则是说作为淮西派的李善长和作为浙东派的刘基在
处理中书都事李彬犯法一事上两人意见不合，导致刘基告老还乡。而皇帝因为
李善长和李彬有私交心生不喜，故而将他也罢了去。小道消息终归是小道消
息，不可以作为圣心难测的依据，也不可以作为李善长仕途坎坷的一个证明。
胡惟庸在洪武初年深陷仕途迷雾，只是想为自己找一条出路而已。

李善长走后，接位之人是汪广洋。中书省进入第二届权力格局——左丞相
汪广洋加右丞相杨宪。胡惟庸注意到，汪广洋是在陕西参政任上匆匆赶回京城
赴任的。皇帝没有起用他这个中书省参知政事而是外调一个地方干部入京，胡
惟庸也谈不上有多大失望。因为他隐隐感到，淮西派的去势势必会波及于他。
他和李善长是一荣俱荣、一损俱损的关系。官场上的事情多是这样，什么派系
什么出身远胜于工作能力。汪广洋虽然算起来也是个老部下，朱元璋起家时他

便追随左右，曾被朱元璋聘为元帅府令史、江南行省提控等官职，也曾受命参与常遇春军务，可毕竟官职都不高。洪武元年(1368年)，大将军徐达平定山东，朱元璋命汪广洋署理山东行省。洪武二年（1369年）汪广洋参政陕西，三年召为中书省左丞。其实要论官场履历，胡惟庸觉得自己并不逊色于汪广洋，何况他还有在中书省的实践工作经验。可是，为何偏偏是汪广洋受宠于皇帝呢？

胡惟庸注意到，和李善长粗通文墨相比，汪广洋的文化程度要高得多。他是元末进士，通经能文，诗写得好，隶书写得也相当不错。或许丞相一职还是需要文人来担任吧。坊间流传，至正十五年（1355年）朱元璋渡江，打下采石矶后向汪广洋问计，汪献上"高筑墙广积粮"这一定国安邦之计，最终助朱元璋夺得天下。虽然另有一种说法是刘基向朱元璋进呈此计的，但胡惟庸观察，汪广洋和刘基很可能英雄所见略同，要不然皇帝也不会对其如此器重，破格提拔。其实要论蛛丝马迹，在洪武三年（1370年）朱元璋封赏百官的举动中也是可以初见端倪，同年冬月，汪广洋被朱元璋封为护军忠勤伯。朱元璋在给他的封诰词中说，汪广洋"善治繁剧，屡献忠谋，比之子房、孔明"（见《明史》）。子房、孔明是什么人，都是名相，这就为汪广洋拜相打好了舆论基础。但汪广洋拜相后，却和他的搭档杨宪形成了强烈的性格反差。杨宪是右相，按级别低于他这个左相。如果将汪广洋比之于一国总理的话，杨宪相当于副总理。只是这个副总理性格霸道，不甘心做一个副手。其实也难怪，要论资历，杨宪也是从战争年代走过来的老干部了。元末至正十六年(1356年)，朱元璋攻克建康（今江苏省南京市），杨宪来投，和当时的李善长一样，追随朱元璋做了他幕府的掌书记。并且很快，杨宪因为办事干练，成了朱元璋的亲信。1367年，朱元璋派自己的外甥李文忠担任浙东行省右丞，又让杨宪随行辅佐，同时，命其暗中监督李文忠的所作所为。从这当中可以看出，朱元璋对杨宪那是相当信任的。杨宪后来举报李文忠启用曾在张士诚手下做过事的儒士屠性、孙履、许元和王天锡等人任职，是政治上不成熟的表现，也是新政权的隐忧，希望朱元璋能够采取断然措施，以防后患。朱元璋接报后，立刻派人将这五个"内奸"押解进京，随后下令处死屠性、孙履二人，其余三人充军发配。而杨宪得到朱元璋宠信后，仕途也步步高升。他早在洪武元年(1368年)就任中书参知政事，进入中书省的时间比胡惟庸还早。杨宪在中书省工作期间，罢旧吏，用亲信，做事独断专行，并不将李善长放在眼里，他甚至多次向朱元璋打小报告说："李善长无大才，不堪为相。"这其实是有他隐秘政治野心在的。那就是打倒李善长，自己取而代之。对于这一点，不光李善长，连胡惟庸也看得很明白。当李善长还在台上时，胡惟庸就曾忧心忡忡地对他说："杨宪为相，我等淮人不得为大官矣。"胡惟庸之所以要着重强调"我等淮人"，那是意有所指的。杨宪虽是太原阳曲（今山西省太原市）人，政治派别上却属浙东集团（刘基）。他要是为相，淮西集团自然要被打压下去，所以胡惟庸才担忧。

的确，胡惟庸不是杞人忧天。杨宪上台后，不仅打压淮人，连中间派、他的顶头上司汪广洋也没有放过。汪广洋虽然明知自己的职位在杨宪之上，凡事让杨宪拿主意，自己只做一个空头宰相。但杨宪却让他空头宰相都做不下去。他随后指使侍御史刘炳以"奉母无状"（见《明史》）的罪名弹劾汪广洋，指其不孝。汪广洋于是被贬到海南，而杨宪也如自己所愿做了左丞相——胡惟庸最担心的情形出现了。但是，谁都没想到，就在这个时候李善长出招了，他向皇帝上疏称侍御史刘炳弹劾汪广洋是受杨宪唆使，而所谓的罪名也是莫须有的。李善长称杨宪为人奸诈、任人唯亲、扰乱朝纲，此人不去，实为大明之患。李善长的上疏应该说是个风险很大的举动。作为已经下野的前高官，和正在台上深得圣眷的第一丞相较量，胜负自是难料。而就在此时，另外一件不利于杨宪的事情发生了。他的外甥在科考中因为公然抄袭被抓，杨宪为了遮丑亲自审理此案，试图大事化小、小事化了。朱元璋在接到李善长的上疏后宣布改由胡惟庸来接手这桩科考舞弊案。胡惟庸值此关键时刻，没有和稀泥，而是深刻领会到皇帝朱元璋那一丝隐秘意图和李善长呼之欲出的良苦用心，查出杨宪在审理其外甥科考案中存在徇私舞弊的情形，并建议皇上严惩。朱元璋果然严厉处置，不仅罢了杨宪的职，还抄了他的家，甚至亲自下令处决杨宪，同时，宣布召回汪广洋。中书省的权力格局由此大变，汪广洋重新上位为丞相，全面主持中书省的工作。但汪广洋从地处荒僻的海南回来后一直战战兢兢，凡事不敢自己做主，其懦弱程度比杨宪在时有过之而无不及，以致于朱元璋不得不在洪武六年（1373年）正月下文将汪广洋贬为广东行省参政。如此一来在中书省里，老资格的官员就剩下胡惟庸一人了。在从正月到七月那漫长的六个月里，朱元璋"久不置相"，冷眼旁观胡惟庸的所作所为。胡惟庸暗夜里也无数次地回顾自己的人生履历：先是朱元璋元帅府奏差、宁国县主簿、宁国县令、吉安通判、湖广佥事，然后是太常少卿、太常寺卿，最后为中书省参知政事。说起来也算是从基层一步步走到正部级岗位上的，离位极人臣其实只有一步之遥。胡惟庸大约是期待那个相位的，又似乎有些恐惧。因为丞相这个位置说到底祸福相依。从李善长、徐达、汪广洋到杨宪，没有一个人可以久居其位。有人为它颠沛流离，甚至有人为它掉了脑袋。可真要断了念想，胡惟庸似乎有些不甘心。毕竟是凡人，于名利多是有追求的。

洪武六年（1373年）七月，朱元璋下文，任命胡惟庸为右丞相，左丞相一职暂时空缺。胡惟庸自此开始全面主持中书省的日常工作，长叹一口气，觉得自己可以有所作为了。

论相谈话

历史的机心往往就在于，它给人以前行的希望，同时附加激动人心的悬念，却将残酷的谜底秘而不宣。这就造成了人之命运的跌宕起伏。不过，一些人苦苦追求、寻而不得的命运谜底，在另外一些人眼中其实只是谜面而已。

根据《明史列传十六》记载，洪武三年（1370年），朱元璋在撤换李善长、任命新相之前，曾经问计于刘基。刘基的回答是："善长勋旧，能调和诸将。"意思是李善长是开国元勋，有威望，能协调好各路将领间的关系。这是刘基希望朱元璋不要换人的意思。但朱元璋却意有所指，说："是数欲害君，君乃为之地耶？吾行相君矣。"朱元璋希望刘基出来做这个宰相。但其实这里头存在一个悖论。洪武三年（1370元），朱元璋对文武百官论功行赏时，封李善长为韩国公，官居左丞相（中书省第一把手），岁禄四千石；封刘基为诚意伯，御史中丞（御史台副长官），岁禄两百四十石；就他们的政治待遇和经济待遇而言，刘基和李善长相差的不止一两个等级。朱元璋希望刘基出来做宰相，这是非同小可的破格提拔。但要论朱元璋有多少真心实意在里头，却又很难论证。因为首先一点，和刘基的功劳相比，朱元璋对他的封赏明显是畸轻的。至正二十年（1360年），浙江青田人刘基被朱元璋请到应天(今江苏省南京市)去做谋臣，他协助朱元璋制定"征讨大计"，提出"陈氏（陈友谅）灭，张氏（张士诚）势孤，一举可定。然后北向中原，王业可成也"的战略规划，最终助朱元璋成就帝业。按功，刘基不逊于李善长。但朱元璋一方面对他以"先生"敬之，当刘基的面从不直呼其名，另一方面却在赏格上大大降低，给人恩威莫测之感。所以当此番朱元璋希望刘基出来做宰相时，刘基婉言谢绝了。给出的理由是换相"是如易柱，须得大木。若束小木为之，且立覆"。暗示自己只是根小木头而已。

其实到了这里，一场经典的君臣间的对话才刚刚起头。朱元璋接下来就丞相人选问题逐一征求刘基的意见。朱元璋提到的第一个人选便是杨宪。杨宪是浙东派成员，关于这点朱元璋是心知肚明的。他之所以提名杨宪，或许也有考验刘基私心的意思。毕竟刘基跟杨宪是有私交的，就像李善长和刘基有矛盾一样，朝堂上的恩怨关系，总在那些纠结间。而朱元璋则凭此洞察人性，以权衡进退取舍。

刘基的回答可谓小心翼翼。他说："(杨)宪有相才，无相器。夫宰相者，持心如水，以义理为权衡，而己无与者也。(杨)宪则不然。"刘基一方面肯定杨宪的才干，同时又指出他器度不行，不是宰相的合适人选。应该说刘基识人甚深，对杨宪的评价可谓一针见血。因为后来的事实证明，杨宪在任相期间，的确心胸狭窄、睚眦必报，极符合刘基所说的"宪有相才，无相器"这一说法。当然，在当时语境下，刘基此说也有为自己撇清党派之争的嫌疑。这一点很重要，所谓祸从口出，在当时李善长淮西集团不见用的背景下，刘基如果贸然提一个浙东派成员去上位，必然招致朱元璋的疑心，反而于己不利。所以在这个背景下看刘基的回答，可谓落落大方、恰到好处。

朱元璋紧接着又提出一个人选——汪广洋。朱元璋问："汪广洋如何？"刘基回答说："此偏浅殆甚于(杨)宪。"意思是比杨宪还不如。刘基评价汪广洋的着眼点在于他为人偏激上，应该说这一点与事实不符。汪广洋为人懦弱，委曲求全，并不是像杨宪那样既肯干事又到处惹事之人。不过，就两人都不是合格的相才而论，刘基还是看得很准的。这也是朱元璋要向他请教的原因之所在。

汪广洋被刘基否定之后，朱元璋又提出一个新的人选——胡惟庸。但刘基给此人的评价却很低。他说胡惟庸"譬之驾，惧其偾辕也"。意思是胡惟庸就好比一匹劣马，如果叫它驾车的话，肯定会翻车坏事的。到了这里，一个有关刘基的谜团开始呈现出来——他把包括自己在内的所有人都否定了，除了李善长。这个虽然有劝朱元璋不要轻易换相的意图在，算是仕途中人老谋深算之举——谁知道皇帝是不是真的要换相，还是以换相为借口来考察臣下的忠心、才干以及人品呢？这是一道测试题而已，刘基的回答也不能说不对，但细观他对以上诸公的评价，不仅完全持否定态度，而且用语尖刻，特别是把胡惟庸比作一匹劣马之语，却非真正老谋深算之人可以轻易出口的，这也是刘基后来遭到胡惟庸报复的一个因缘。当然胡惟庸其实也没有想到，不管他本人还是刘基，其实都是朱元璋在君臣博弈机心下的一颗棋子而已，他们的仕途，终究还是身不由己。

还是回到这场经典谈话上来。在所提人选都被一一否定之后，朱元璋又漫不经心地将话题的中心点重又落在刘基身上。他对刘基说："吾之相，诚无逾先生。"对刘基来说，这的确是诱惑，或者说是机遇——如果把朱元璋前面所提的那些人选都看作是铺垫，最后他还是属意刘基的话。当然这也可能是陷阱，是朱元璋考查刘基人品的最后一道测试题。那么，在机遇和陷阱之间，刘基是怎么作答的呢？刘基回答说："臣疾恶太甚，又不耐繁剧，为之且辜上恩。天下何患无才，明主悉心求之。目前诸人，诚未见其可也。"意思是我这个人爱憎分明，口风不是很好，又不喜应对繁杂的行政工作，若坐在这个位子上，恐怕会辜负皇上的重托。天下其实很大，不怕找不到人才的。请明主悉心搜求。只是刚才提到的几个人，确实不适合为相。

谈话就这样结束了。如果就事论事的话，这当是一次君臣间的非正式谈话，朱元璋也没有引以为意，或者说对刘基体现出足够的尊重。因为在此之后，被刘基一一否定的那几个人都先后为相了。从汪广洋、杨宪再到胡惟庸，朱元璋都将他们扶上相位，最后却都以各种罪名一一拿下，甚至让他们身败名裂。这似乎是一个巨大的布局，里面有大玄机在。局中人不管干好干坏，结局都是殊途同归。而这其中，影响最大，牵一发而动全身的人物便是胡惟庸了。他的仕途人生不仅影响了他自己，也影响了李善长甚至数以万计的官员的身家性命。作为大明巨案之一，洪武十三（1380年）年发生的胡惟庸案里有很多扑朔迷离的地方。它既是朱元璋心机的一个组成部分，也包含了胡惟庸的欲望、野心以及他试图与皇帝博弈的种种痕迹。而这样的一些纠结情况，其实要从洪武三年（1370年）朱元璋和刘基这场著名的论相谈话中才能看出端倪——并且也仅仅是端倪。如果我们把它看成是一个帝王阴谋论的话，聪明如刘基者，在当时其实也没有完全参透。他虽然努力让自己置身事外，试图避祸消灾，却没有料到，朱元璋想重构的却是一种权力的重新整合制度。在那个新制度面前，所有局中人都是牺牲品。这里头便包括洪武六年（1373年）七月就任中书省新丞相、正日益走向踌躇满志的胡惟庸。

被疑

胡惟庸任相之后，走的第一步错棋就是向刘基开刀。查刘基年表可知，明洪武四年（1371年），六十一岁的刘基致仕归里——他向皇帝打离休报告请求告老还乡。按现在的公务员退休制度，六十一岁也的确是可以引退的年龄。但刘基的引退却实在是有些敏感。当时朱元璋对他依旧非常重视，以国师待之。刘基退休前，朱元璋向他询问天象，以作为治国安邦的凭证。刘基告诉他："今国威已立，宜以宽。"很有为朱元璋定国策的意思。这一年是朱元璋、刘基论相后的第二年，作为一个需要交代的背景是——在该年李善长去职，汪广洋被提拔为丞相。没有史料证明刘基对朱元璋如此这般的人事安排有什么异议。事实上他归心似箭，并很快隐居青田故里，每日"惟饮酒弈棋，口不言功"。这当是一个智者的选择。不仅急流勇退，而且韬光养晦。但是正如上文所言，刘基因为论相时口无遮拦，实际上将胡惟庸等都一一得罪了。胡惟庸上台后，并没有对已作归老之计的刘基等闲视之，而是要除之而后快。这里头大概有两层意思：一是报复；二是谨防他东山再起。毕竟刘基的号召力和影响力都在那里，皇帝朱元璋又对他毕恭毕敬。就仕途而言，胡惟庸或许感觉这样的人还是很有威胁的。

在刘基年表里，我们还可以看到，洪武五年（1372年）对刘基来说还是个吉年。他"韬光敛迹，屏居山中"。尽管在外面的世界里，征虏大将军徐达出兵攻打扩廓帖木儿，意外招致败绩，但胜败荣辱对刘基来说，已恍如隔世。

　　只是这一年下半年的时候，刘基无意间做了一件其实并不明智的事情——建言设谈洋巡检司。奏请朝廷在他家乡附近一个叫谈洋（浙闽交界处）的地方设立巡检司，以加强管辖。因为该地在元末时曾被方国珍的部队所占，后又成为许多贩运私盐的"不法"之人的隐匿地。刘基建言设谈洋巡检司，目的当是出于公心，体现了一个退休官员之桑榆晚情，这当然是一件好事。但就处世谋略而言，刘基此举实际上是犯了一个大忌，因为退而问政很容易授人以柄；并且在奏请程序上，刘基也犯了一个错误——他让自己的长子刘琏直接将奏请书上呈朱元璋，既没有通过地方政府，也没有经过中书省转呈。胡惟庸见此，立刻就将这个难得的机会利用了。他没有在刘基的奏请程序上做文章，毕竟这意义并不大。胡惟庸直接切中要害，让刑部尚书吴云沐出面上疏，称谈洋一带有帝王之气，刘基选择在此地修墓，导致百姓群起反对，为能成事，刘基才请朝廷设立巡检司以驱逐那些反对他的百姓，其居心殊不可问。据刘基年表记载，1373年也就是洪武六年，"刘基因谈洋事遭胡惟庸、吴云沐构陷，朱元璋夺刘基俸禄，基惧，入京谢罪，不敢归"。具有讽刺意味的是，这一年《大明律》颁布。朱元璋一方面强调要按律法办事，另一方面却仅凭吴云沐的一面之词就让刘基陷入晚节不保的境地，这从一个侧面体现出胡惟庸的心计与进攻欲望。

　　历史在这里变得扑朔迷离，很多细节开始含混不清。刘基养老金被夺，不得不入京谢罪，又不敢归乡。这让胡惟庸在进一步罗织刘基其他罪名方面无计可施。洪武七年（1374年）岁在甲寅，六十四岁的刘基羁留京师，体弱病衰，赋诗叹老。博弈者胡惟庸在等待一个彻底失衡的时刻或者说由头。终于，刘基感染风寒，胡惟庸趁机带了御医前去诊治。刘基服药后，病情恶化——"有物积腹中如拳石"。这里究竟是御医医术不良还是胡惟庸在其中做了手脚，历史没有给出很明确的答案。总之，刘基年表继续记载，洪武八年（1375年），刘基居京病笃，归里而卒。据说刘基临终前曾想写一篇遗表，以贡献定国安邦之策，只是碍于胡惟庸还在台上，写了也是枉然。他交代儿子等胡惟庸败后，再将自己的意思向皇上密奏。

　　刘基之死对胡惟庸来说，当然是一件好事。不管是不是出于他的主观故意，总之一个曾经对他有过劣评，"成事不足败事有余"的老家伙终于不会再在他的仕途上产生负面影响了。这正是胡惟庸值得庆幸的地方。但世上事大都"螳螂捕蝉，黄雀在后"，他和刘基的博弈过程或者说结果最终还是被朱元璋利用了。首先是五年之后，也就是洪武十三年（1380年）正月，中丞涂节告胡惟庸逆谋，同时，揭发他毒死刘基一事。虽然没有具体证据表明胡惟庸是如何毒死刘基的，当年参与诊治刘基的御医们也不站出来做个佐证，但很显然，朱元璋是采信了涂节之毒死一说。甚至在洪武二十三年（1390年），朱元璋还对刘基的次子这样说："刘伯温他在这里时，满朝都是党，只是他一个不从，吃他每（们）蛊了。"又说，"你休道父亲吃他每（们）蛊了，他是有分晓的，他每（们）便忌着他。若是那无分晓的呵，他每（们）也不忌他。到如今，我朝廷是有分晓在，终不亏他的好名。"还说，"刘伯温在这里时，胡家结党，只是老子说不倒。"朱元璋最后说："后来胡家结党，吃他下了蛊，只见一日来我说：'上位，臣如今肚内一块硬结怛，谅看不好。'我找人送他回去，家里死了。后来宣得他儿子来问，说道胀起来紧紧的，后来泻得瘪瘪的，却死了，这正是着了蛊。"

　　但是，正所谓历史的细节总是含混不清。朱元璋称刘基吃胡惟庸的蛊了毕竟也只是个猜测而已。在发生在洪武十三年（1380年）的胡惟庸案中，逆谋是关键词，而毒死刘基则是为了证明胡惟庸品行不良的一个独立事件，具有附带意义罢了。其实对帝王来说，解释权就是裁判权。胡惟庸逆谋也罢，毒死刘基也罢，个中真有合乎情理的逻辑链条吗？一切都在朱元璋的机心里。说你逆谋你就是逆谋，说你毒死就是你毒死的。现在，朱元璋的机心从云山雾罩开始慢慢明朗，毫无疑问，胡惟庸已经招致了这个帝王的疑心。

制度的牺牲品

　　胡惟庸却毫无察觉。在刘基之外，他又将进攻的矛头对准徐达。徐达是朱元璋的发小，很早就跟着朱元璋去打天下了。至正二十四年（1364年）正月，朱元璋称吴王，以徐达为左相国。洪武三年（1370年），朱元璋授予徐达右丞相之职，封"魏国公"，食禄五千石。在明初任职丞相的四人当中，李善长、胡惟庸和汪广洋最后都"见罪"被杀，只有徐达得以善终。朱元璋曾经如是评价徐达："受命而出，成功而旋，不矜不伐，妇女无所爱，财宝无所取，中正无疵，昭明乎日月，大将军一人而已。"这从一个侧面反映了徐达在他心目中的地位。

　　其实，对于徐达这样一个深得圣眷的人物，胡惟庸是一度想与他交好的。但徐达却不给胡惟庸面子，对他不理不睬。本来事情到了这里，胡惟庸也没什么损失，反正已经做了宰相，你徐达不愿意结成战略同盟也就罢了，大家井水不犯河水而已。偏偏胡惟庸恼羞成怒，竟然贿赂徐家的守门人福寿来加害徐达，所幸被福寿揭发，事情才得以未遂。因此，徐达"深疾其奸"，对胡惟庸的人品更加鄙视，虽然他没有借此向胡惟庸发难，却还是屡屡提醒朱元璋：胡惟庸这种人不适合当丞相。应该说胡惟庸在与徐达的关系处理上，颇有失策之处，这给朱元璋留下了很差的印象。从刘基到徐达，胡惟庸在人际关系的处理上昏招迭出，导致朱元璋疑心渐增。

　　更要命的是胡惟庸行事无所顾忌。刘基死后，他"独相数岁，生杀黜陟，或不奏径行，内外诸司上封事，必先取阅，害己者，辄匿不以闻。四方躁进之徒及功臣武夫失职者，争走其门，馈遗金帛、名马、玩好，不可胜数"。这里的问题有两个：一个是他不将君权放在眼里，凡事先斩后奏，甚至百官上呈的奏疏，也要自己先看了之后再定取舍；另一个则是经济问题。受贿"不可胜数"，说到底还是相权过大没有被约束的缘故。由此，胡惟庸由此前同僚间人际关系处理问题转化为君臣间的权力失衡问题，朱元璋对他的疑心更大了。胡惟庸案至此有了更大的推动力和更顺理成章的逻辑基础。

从洪武九年（1376年）到洪武十一年（1378年），朱元璋做了两件事。一是"改行中书省为承宣布政使司……悉罢行省平章政事左右丞等官，设布政使一员"，另外，他下令设按察使司、都指挥使司，各司只对六部和皇帝负责，由此割断中书省与诸司的联系，限制其权力的行使。中书省被架空了，丞相的权力被大大削弱。而在洪武十一年（1378年）三月初十，朱元璋诏令六部所属诸司奏事勿关白中书省，有事直接奏报皇帝。史料记载"上于是始疑胡惟庸"。

而接下来发生的两件事令胡惟庸深切地感受到，皇帝已经对他另眼相看了。一件事情是他的家人因为殴打官吏，被人上奏后，朱元璋勃然大怒，下旨诛杀他的家人，同时"切责丞相"，对胡惟庸严词问责。另一件事是朱元璋几次批评中书省办事违慢，工作作风官僚，并且"诘问所由"（见谈迁：《国榷》卷七）。这实际上也是对胡惟庸领导的中书省工作实绩的不满。由此朱元璋对胡惟庸的看法从疑到怨，不满的程度步步升级。

那么胡惟庸又采取了什么对策呢？他暗中结交吉安侯陆仲亨、平凉侯费聚，常在家中喝酒聊天，抱怨说："我等所为多不法，一旦事觉，如何？"此时的胡惟庸虽然隐隐感到朱元璋对自己越来越不信任，甚至也做好了被罢相的心理准备，但实事求是地说，谋逆造反的想法，他还是没有的。虽然胡惟庸一度让他的心腹御史陈宁在中书省"阅天下军马籍"，但离成事还差十万八千里。这其实是一个欲望宰相本能的躁动或者说盲动，却到底于事无补，反而更加招致朱元璋的疑心，令他进一步采取行动以结束目前危险的对峙状态。

　　洪武十二年（1379年）是很微妙的一年。这一年九月，朱元璋因为占城（印度支那古国）派人来大明进贡，胡惟庸却不向他报告此事而勃然大怒。在朱元璋看来，这是相权对君权的进一步掠夺。胡惟庸虽然事后向他顿首谢罪，朱元璋却余怒未消。这也直接导致了胡惟庸的儿子在这一年毙命。《明史》记载，胡惟庸的儿子"驰马于市，坠死车下，惟庸杀挽车者，帝怒，命偿其死，惟庸请以金帛给其家，不许"。皇帝朱元璋是如此的震怒，以至于不给丞相一点面子，在一起交通肇事事故中一定要胡惟庸的儿子而不仅仅是他的司机（挽车者）以命抵命，这充分说明他对胡惟庸的忍耐已到了极限。同年十二月，中丞涂节实名举报刘基当年是被胡惟庸毒死的。朱元璋闻报后先是拿汪广洋开刀，认为汪广洋应该知道此事却隐匿不报，是为不忠，朱元璋将其贬到海南；后又以他当年在中书省不揭发杨宪罪行为由，将其赐死。正所谓敲山震虎、杀鸡儆猴，胡惟庸大祸临头了。

　　其实，涂节举报胡惟庸当年毒死刘基，朱元璋采信此说之后，胡惟庸就哀叹："主上草菅勋旧臣，何有我！死等耳，宁先发，毋为人束手寂寂。"但哀叹归哀叹，权力已经被剥夺得差不多的胡惟庸并没有能力策反兵部。而继涂节之后，举报还在继续，洪武十三年（1370年）正月初二，已然贬为中书省吏的御史中丞商暠"亦以惟庸阴事告"——向皇帝举报了胡惟庸谋逆之事。这当然是查无实据之事，但朱元璋此时需要的只是一个可以置胡惟庸于死地的罪名。正月初六，朱元璋下令诛杀胡惟庸。从举报到诛杀，这中间只相隔四天时间！调查审讯其实都是走过场，君臣间的怨望到了如此程度，胡惟庸之死当是汪广洋之死的延续而已。他当然不是开始，更不是结束。因为围绕胡惟庸案，朱元璋先后让三万人成为他的殉葬品。甚至在十年之后的洪武二十三年（1390年），李善长也因胡惟庸案赐死。这期间又有陆仲亨、唐胜宗、费聚和赵庸等高官受到株连，朱元璋还为此专门下旨编写《昭示奸党录》布告天下，以为警戒。

不过，我们要是从制度背景层面看胡惟庸案，或许还可以发现其中深意藏焉。胡惟庸死后第五天，朱元璋宣布——罢除中书省不设，废除左、右丞相及其一切属官，唯存中书舍人，以政归六部。他在朝堂上告诫百官说："自古三公论道，六卿分职，不闻设立丞相。自秦始置丞相，不旋踵而亡。汉、唐、宋虽有丞相，然其间亦多小人专权乱政。今我朝罢丞相，设五府、六部、御史台、通政司、大理寺等署，分理天下庶务，大权一归朝廷，立法至为详善。以后嗣君毋得议置丞相，臣下敢以此奏请的，置之重典。"朱元璋并下令将他的这番话载入《祖训》。

由此，胡惟庸终于以他的身败名裂换取了一种制度的嬗变：君权彻底打倒相权，大明从此无丞相，皇帝大权独揽。在这个背景下看胡惟庸的仕途起落，他曾经的所作所为其实是无足轻重的——在朱元璋眼里，他和汪广洋、李善长等所谓的丞相一样，都是一枚任其调用的棋子。处在什么位置上不是自己说了算，全看朱元璋的心机，而胡惟庸之所以会成为那枚最有分量的弃子，一切都是时势使然。他在合适的时间做了一些出格的事情，而这些事情被皇帝朱元璋有目的地加以利用，仅此而已。

只是胡惟庸自己，到死也没明白朱元璋的机心。对他个人来说，这大概才是悲剧所在吧。

第 **8** 章

严嵩：多张面孔示人

清　纯

　　最初，那个叫严嵩的名人留给世人的面孔是清新可人的，恰似一个书生。这个江西分宜人五岁启蒙读书，九岁读县学，十岁时县试成绩已经出类拔萃。十九岁他乡试中举，二十六岁廷试二甲二名，赐进士出身。明武宗正德二年（1507年），严嵩授翰林院编修，官居七品。这一年他才二十七岁，轻而易举地就成了"国家机关公务员"。

　　但即便如此，严嵩得以名世的依旧是他的才华。严嵩的才华可以说是横着溢出来的，哪怕在他少年之时，也已露出鹤立鸡群之相。严嵩十岁时县试成绩了得，当地的教官有心考他，出上联曰："关山千里，乡心一夜，雨丝丝。"严嵩是怎么应对的？他随口答道："帝阙九重，圣寿万年，天荡荡。"此中气势，确实不同凡响。

　　《明史·严嵩传》说严嵩"长身戍削，疏眉目"，很是一副郁郁寡欢的书生形象。有时忧郁，有时愤世嫉俗，"大音声"，嗓门儿会突然间变大，为国计民生讨说法。事实上，严嵩并非官二代，亦非富二代。他家境贫寒。分宜已是偏僻之所在，严嵩出生在分宜介桥村里，更是穷山恶水之地，父亲严准是个穷秀才，在乡里做孩童们的启蒙老师，状况很像曾经的民办代课教师，收入很没有保障。严嵩要在这样的背景下出人头地，所依靠的只能是知识。所谓知识改变命运。这句话古今同理。

　　但命运似乎变幻莫测，并在正德二年（1507年）对严嵩发出隐隐的冷光。这一年宦官刘瑾矫诏开列刘健、谢迁等五十三名高官大名单，称之为奸党，并张榜公布在朝堂之上，搞得百官们很没有安全感。而武宗皇帝朱厚照性喜游乐，将内宫改造成集市。他和太监们在这个封闭式的集市着商人服装，熙熙攘攘高声叫卖讨价还价，沉溺在角色错位中不能自拔。后又在八月十五这天下令于西华门中开建"豹房"，以作寻欢作乐之场所。书生严嵩正是血气方刚的年纪，对政坛丑陋现象自然不能容忍。可世上事大多无第三条道路走，或阿附，或决裂，而决裂者的下场却是惨不忍睹的。这一年，南京御史蒋钦就为他的决裂付出了生命的代价。三月，蒋钦上疏说："刘瑾是一小人，陛下视为腹心股肱，不知其为悖逆之徒蠹国之贼……一贼弄权，万人失望。陛下懵然不闻，纵之使坏天下事，乱祖宗法，陛下尚何以自立？乞听臣言，亟诛刘瑾以谢天下，然后杀臣以谢刘瑾。"这是蒋钦在以命和刘瑾相搏，但朱厚照看了此疏，无动于衷。三天后，蒋钦又上疏说："臣与贼刘瑾，势不两立。刘瑾畜恶已非一朝……陛下不杀刘瑾，当先杀臣，使臣得与龙逢、比干同游地下。臣诚不愿与此贼并生。"蒋钦这份奏疏因言辞过激，结果被杖三十，投入狱中而亡。

毫无疑问，蒋钦之死给了仕途新人严嵩一个警告，那就是鸡蛋碰石头，结果会很惨。他这个翰林院编修人微言轻，自是不可能改变官场生态的。从这个意义上说，公知（公共知识分子）严嵩刚踏入仕途，心情是很郁闷的。第二年也就是正德三年（1508年），严嵩祖父及母亲相继去世，按制他应该回家服丧守孝三年。这似乎给了严嵩一个躲避黑暗官场的理由。既然从皇帝到宦官都是胡作非为式的人物，自己也没必要陪他们玩了。愤青严嵩自此欣欣然地回到江西分宜介桥村里，开始做他的孝子兼隐士去了。之所以称严嵩为隐士，是因为他借守孝为由，在那个山沟沟里待了八年之久。从正德三年（1508年）到正德十一年（1516年），严嵩以非暴力不合作的方式远离政坛，像极了一个愤世嫉俗、不愿意同流合污的书生。

严嵩在家乡的所作所为，也的确是一个书生"穷则独善其身"的状态。起码正德三年（1508年）到正德十一年（1516年）的严嵩留给世人的，还是一张"颇著清誉"的面孔。"颇著清誉"是当时郁郁不得志的阁臣李梦阳给他的评价。严嵩入翰林院时，包括阁臣李东阳在内的不少士大夫就"咸伟其才"，对他很是赏识的。甚至严嵩在归隐期间，屡遭刘瑾排斥的李梦阳还曾屈尊拜访过他，赠诗曰："问奇颇类扬雄宅，醒酒真轻李相庄。"严嵩则和诗道："地僻柴门堪系马，家贫蕉叶可供书。莺花对酒三春暮，风雅闻音百代余。"严嵩此时的心态，或许还是陶渊明式的，是归园田居的状态。他在自己家乡钤山之麓建钤山堂隐居读书，著《钤山堂集》，称自己是"一官系籍逢多病，数口携家食旧贫"。"近知理俗事，学种南山田"，这"学种南山田"之语，暗示了二三十岁时的严嵩在精神层面上，还是志存雅趣的，不以仕途浮沉为意。

严嵩在钤山的另外一个收获是他三十三岁时喜得贵子——严世蕃，这个后来为他带来无尽烦恼的儿子对当时的严嵩来说，却是上苍赐给他的珍贵礼物。他为此欣然作诗道：三十年过方有子，却论情事集悲欣。总叨先德宜昌后，每为身愁欲废官。琴书他日期堪付，堂构兹丘幸苟完。庭中翠竹红葵色，乘醉邀宾秉烛看。（见《有喜致醉》）严嵩归隐期间共作诗七百余首，同时，应袁州太守之请，修撰《袁州府志》。严氏如此这般的生活，的确是一个书生或者说淡泊名利的书生才具备的。

从正德三年归隐到正德十一年复出，帝国政坛依旧风起云涌。正德三年（1508年）正月，戊辰大计，考察外官。那些不肯阿附行贿刘瑾的官员纷纷被贬。六月，因有人将写有刘瑾罪状的匿名信投放于御道上，刘瑾下令彻查。矫旨召百官跪于奉天门下；又在当夜将三百多官员收入锦衣卫狱。由于正值酷暑，被关押的刑部主事何轼、顺天推官周臣、礼部进士陆伸竟中暑而死。八月，刘瑾又设立内行厂（简称内厂），凌驾于东厂、西厂之上。自己亲自统领，一时间帝国官员人人自危。正德五年（1510年），太监张永因与刘瑾有隙，向皇帝密奏刘瑾谋反情状十七事。刘瑾下狱，随后帝国大治刘瑾奸党，"一时朝署为清"。原以为吏治会从此向好，却未料武夫江彬入京，祸乱又起。正德皇帝施行京营边军兑调操练，江彬得他宠信，在宫内操练营军，"晨夕驰逐，甲光照宫苑，呼号声达九门"。而正德经常做总司令状不时加以检阅，又每每微服夜行至教坊司观乐，不理朝政已成常态。正是在这个背景下，三十七岁的严嵩结束了归园田居的生活状态，选择复出了。

但其实，就内心操守而言，严嵩还是个书生。因为他很快发现，复出后的自己依旧是个愤世嫉俗、不合时宜的小官员。严嵩复出这一年元旦，紫禁城充斥诡异和凶险的氛围。正德十一年（1516年）正月初一是元旦（旧时元旦按阴历计，取一元复始，万物更新之意），百官们早早地入朝向皇帝祝贺元旦，但皇帝却久未露面，因为除夕之夜在豹房玩了个通宵，他还在龙床上呼呼大睡，直至元旦酉刻（17：00～19：00）才匆匆赶到奉天殿，接受百官们的朝贺。当然严格来说，这已经不是朝贺而是晚贺了。晚贺所造成的严重后果是当贺礼结束时，已至深夜。百官们急于回家，竟然争先恐后，互相踩踏，以至于情形狼狈不堪。有丢了官帽的，也有官服被挤破而大打出手的，更有右将军赵郎因为拥挤被活活挤死在禁门处，酿成悲剧事件。初六，官员正式上班。浙江道御史程启充上疏请皇帝"勤于视朝，屏绝游宴"。但他依旧我行我素，对此置之不理。

严嵩复出后，还是做翰林院编修。这个职务相当于现在中央办公厅和政策研究室的秘书，并无多大实权。不过即便如此，严嵩还是努力发出自己的声音。他批评"正德间，天下所疾苦莫如逆竖妖僧"。又对皇帝运楠木北上的做法提出批评，直言不讳地说："今湖南运殿材巨楠数千株，联筏曳旗，蔽流而上。楠最硬者围丈余，长可五十尺，诚天地间奇声。然此木一株，山伐陆挽水运至此，费数百金矣。"这个就为他进一步树立了公共知识分子的形象。与他交游的人物李梦阳、何良俊、王阳明、何景明和王廷相等也都是一时名士。前文所说的阁臣李梦阳是明代中期文学家，复古派前七子的领袖人物。他公开表扬严嵩说："如今词章之学，翰林诸公，严惟中（严嵩）为最。"何良俊是当时的戏曲理论家，自称与庄周、王维、白居易为友，题书房名曰"四友斋"。

这样一个自视甚高的人物对严嵩也是颇有好评。他评价严嵩的诗是"秀丽清警，近代名家，鲜有能出其右者"。另外在当时，哲学家王阳明、"前七子"之一，与李梦阳并称文坛领袖的何景明，著名文学家、哲学家王廷相都乐于和严嵩交游。一个毫无背景的翰林院编修，能与如此多的名家大儒相互唱和，说明严嵩作为一个书生官员，其文字功底应当是很不错的。后来的事实也证明，严嵩的青词之所以写得好，跟他的文章好是一脉相承的。另外，严嵩还写得一手好字，据说北京老字号酱菜店牌匾"六必居"三个字就是他的墨宝。这一点，确实看出其功夫不一般。

作为公知，严嵩复出后书生本性不改。批评朝政、舞文弄墨，在皇帝喜好游玩作乐，不理政事的背景下，严嵩的那些慷慨陈词除了为他博得更多的清誉之外，并没有实质性的好处或者说坏处。因为皇帝直接将他无视了，直到正德十六年（1521年）三月十四，皇帝死于京城豹房，年仅三十一岁。随后，嘉靖皇帝统治帝国，严嵩的仕途有了一个小小的转机。他先是到南京做翰林院侍读，署掌院事。嘉靖四年(1525年)，四十五岁的严嵩升为国子监祭酒，从南京回到北京。国子监祭酒是从四品，相当于现在的国立大学校长，主掌大学之法与教学考试。严嵩虽然在职务上有所提升，却依然是权力核心之外的人物。嘉靖皇帝甚至没有正眼看他一下，而此时的严嵩仍旧书生意气，不以仕途浮沉为意。

却是没有人知道，他性格深处也在悄悄发生改变。三年之后的嘉靖七年(1528年)，严嵩开始变脸，他不再是那个清纯的书生，而变身为遵循中庸之道的仕途中人了。

柔　媚

嘉靖七年(1528年)，严嵩由国子监祭酒被提拔为礼部右侍郎，礼部右侍郎是从二品，拥有实权，比国子监祭酒的从四品要高两级，严嵩相当于从一个闲职单位的副厅级干部摇身一变为实权单位的副部级干部，从而进入了中央直管的高级干部行列。

这一年，嘉靖皇帝朱厚熜给严嵩派了个任务，到湖广安陆(今湖北省钟祥市)去监造显陵扩建工程。这个工程是在嘉靖皇帝已故生父兴献王园寝的基础上展开的。因为正德皇帝死后无子，从族系上讲，朱厚熜为他的堂弟，血缘关系最近，因此得以入继帝位。嘉靖上台后，做的第一件事情是不顾百官反对，追尊生父兴献王为帝，并且下令将兴献王园寝按帝陵规制进行改建。由此在他心目中，显陵扩建工程是个关系到孝道的重大工程，非稳重老成之人去主持不可。严嵩这一年四十八岁，从年龄上说老成是老成了，稳重则未必。因为以往他的所作所为，给世人留下的是一个愤青形象。现在人到中年，他会不会有所改变？的确，严嵩此时的仕途正面临一个拐点，或者借此机会一跃而上，或者继续愤世嫉俗，将事情搞砸了，从而在仕途上遭遇重挫。那么严侍郎接下来又是怎样做的呢？

严嵩到钟祥后，遵照嘉靖皇帝"如天寿山七陵之制"的要求对显陵进行了大规模的扩建，先是建成方城明楼，然后立献皇帝庙号碑，同时还构建红门、碑亭、石像生等。显陵扩建工程前后共征用湖广布政司各府州县民夫两万余人，总花费达白银六十万两。作为一个礼部侍郎而不是工部或者说户部侍郎，严嵩能做到这个程度可谓尽心尽责，功德圆满。但谁都想不到，严嵩功成还朝后自己竟节外生枝，上了一道与显陵扩建工程完全无关的河南灾区灾情严重之奏疏，称"所在旱荒，尽食麻叶，树皮，饥殍载路。市易饼饵则为人所攫取，子女鬻卖得钱不及一饱，孩稚至弃野中而去。闻洛阳，陕州，灵宝诸处尤甚，人相残食，旬日之内报冻死二千余人"。

这一年是嘉靖七年，是嘉靖皇帝执政的第七个年头。这一年帝国都发生了什么大事呢？兵部尚书胡世宁令游击彭浚平定吐鲁番武装力量进犯肃州的图谋；两广总督军务王阳明在广西断藤峡平定瑶民起事；重订《大明会典》；颁示《明伦大典》；通惠河得以修浚。帝国不说欣逢盛世，也谈得上有所作为。特别是这一年，嘉靖皇帝经过大礼议事件后终于为自己的生父生母加上皇考、圣母尊号，称皇考（生父）为"恭睿渊仁宽穆纯圣献皇帝"，圣母（生母）为"章圣慈仁皇太后"，并且诏告天下。正所谓是吉祥如意之年，不能给皇考、圣母抹黑的。而严嵩督建的显陵扩建工程其实正是吉祥如意的重要组成部分。由他而不是别人督建的工程完工后上河南灾情严重以致于发生"人相残食"惨状之奏疏，此事让人很难理解。

但是很幸运，嘉靖七年的严嵩最终却有惊无险，不仅没有受到皇帝的严处，反而得到嘉奖。这又是为何呢？原来严嵩上的不是一道疏，而是两道。他在报忧之后紧接着又上了一道报喜之疏。严嵩在奏疏中说，他这次督建显陵，途中所见除了灾情外更多的是祥瑞，特别是立碑所用之石非同凡响——"白石产枣阳，有群鹳集绕之祥"，"碑物入江汉，有河水骤长之异"。立碑时，"燠云酿雨"，"灵风飒然"。严嵩因此欣欣然建议皇帝要撰文立石以记此祥瑞之事。严嵩的这两道奏疏一忧一喜，先忧后喜，不再是以往那个有话直说、直抒胸臆的严嵩了，而是暗含机心——先呈河南灾情严重疏报忧，以体现其忧国之心，后呈祥瑞疏以体现其忠君之情。一忧一喜实际上表达的是异曲同工之妙。那就是两个字——柔媚。

　　柔媚是仕途中人的基本功，却非书生本性。嘉靖七年的严嵩完成了自己的第一次变脸，从愤青转变为媚中。很显然，嘉靖皇帝对严嵩的这种改变很高兴。对于严嵩的报忧疏，皇帝不但没有责怪，反而脚踏实地地解决问题。他发布指示称："这地方既灾伤重大，将该年勘过有收分数起运钱粮暂且停止，待次年收成之后带征，其余灾轻地方照例征解。"至于报喜疏，嘉靖皇帝更是表扬道："今嵩言出自忠赤，诚不可泯.依拟撰文为纪，立石垂后。"总之，严嵩是报忧报喜两相宜，深谙为官之道了。

　　嘉靖七年"两疏"事件之后，严嵩的仕途呈向上的趋势。从礼部右侍郎升为左侍郎，随后转任吏部左侍郎，再然后在嘉靖十五年，严嵩杀了一个回马枪，顶替入阁办事的夏言接任礼部尚书一职，终于名正言顺地成为正部级干部了。但是两年之后的嘉靖十七年，严嵩突然面临一个重大考验。这一年，嘉靖皇帝想让他的生父称宗入太庙，命令礼部开会谈论此事。严嵩作为礼部尚书，必须直面这个敏感的问题。虽然在嘉靖七年，嘉靖皇帝的生父已上皇考尊号，但本生皇父称宗入太庙之举，却实在是前无古人后无来者的。严嵩如照办，自己"颇著清誉"的形象将立刻崩溃；如不照办，礼部尚书还能不能当下去就很难说了。

　　这还真不是危言耸听。因为发生在嘉靖三年（1524年）的群臣伏阙哭争"大礼"事件严嵩还是记忆犹新的。那一年，尚书秦金等为了阻止嘉靖皇帝给其生父上皇考尊号，率朝臣二百一十五人赶赴左顺门，跪伏恸哭，高呼高皇帝、孝宗皇帝。此事发生后，嘉靖震怒，有一百三十四人因此入狱，八十六人待罪。大学士丰熙等八人编成充军，四品以上者夺俸，五品以下廷杖，王思、裴绍宗等十七人先后被活活杖责而死。群臣伏阙哭争"大礼"事件其实阻挡不了嘉靖皇帝给他生父上皇考尊号这样一个结果。嘉靖七年（1528年）严嵩到湖广安陆去监造显陵扩建工程，就是这个结果的达成。如今，嘉靖想让他的生父称宗入太庙，严嵩不能不考虑逆势而为的可怕后果。由此，他做出的选择是，一颗红心，两手准备，援宋儒之说称，称宗入太庙以功德宜配文皇，以亲则宜配献皇。意思是皇上真想让自己的生父称宗入太庙,从宋儒之说仁者爱人的角度出发,也似乎是可以的——整个态度是不支持、不反对、不负责。但没想到皇帝竟然勃然大怒,写了一篇《明堂或问》的文章来责难严嵩,嘉靖皇帝的意思严嵩必须摈弃模棱两可的态度,必须旗帜鲜明地支持其生父称宗入太庙之举。史料记载严嵩挨训后"惶惧,尽改前说,条画礼仪甚备。"——其柔媚神态,再一次浮现出来。严嵩先是引经据典称,殷有四君一世而同庙,晋则十一室而六世,唐则十一室而九世。宋太祖、太宗同居昭位,前事可据,而今"皇考亲孝宗弟,臣谓宜奉皇考于孝宗之庙"。不仅如此,严嵩还为此事撰写《庆云赋》《大礼告成颂》,以取悦嘉靖皇帝。

至此,严嵩那张曾经清纯的书生面孔消失殆尽,代之以一张柔媚的权臣面孔。经过三十余年的仕途历练,严嵩终于变成一块棱角全无的鹅卵石,似乎不再锋利。不过,真的如此吗?其实不尽然。在另外一些层面上,严嵩锋利依旧,甚至可以伤人,只是严嵩的锋利不是针对皇帝而是针对同僚,比如那个曾经引荐他当上礼部尚书的阁臣夏言。

阴　狠

　　嘉靖七年(1528年)，当礼部右侍郎严嵩到湖广安陆(今湖北省钟祥市)去监造显陵扩建工程时，比他小两岁的夏言因为上了一道建议天地分祀的疏文而被皇帝调入翰林院，成为一名侍读学士。起码在这个时候，夏言在仕途上的成就是不如严嵩的。夏言是正德十二年（1517年）三甲进士，严嵩则在弘治十八年（1505年）中进士，列二甲第二名，比夏言中进士的时间早了足足十二年。他们俩其实是江西老乡——夏言是江西贵溪人，严嵩是江西分宜人，但彼此之间并没有多少交集。虽然在嘉靖二年（1523年）时，夏言曾任吏科都给事中，建议罢市舶，厉行海禁，看上去也很有政治抱负，但给事中只是从七品，人微言轻，也实在折腾不出什么名堂来。夏言在当时作为一个低级干部，与中高级干部严嵩之间，看不出有什么故事可以发生。

　　但是嘉靖七年(1528年)却是意味深长的。这一年严嵩在进步，夏言也因为他的那份奏疏在仕途上有所成就。侍读学士没做多久，夏言就掌翰林院的事了，随后兼礼部左侍郎，再到最后升为礼部尚书。嘉靖十年（1531年）三月，夏言被提拔为少詹事兼翰林学士。嘉靖十五年（1536年）加少保、少傅、太子少师。而严嵩是在嘉靖十五年（1536年），夏言要入阁参预机务时，才接任礼部尚书一职；并且直到嘉靖十八年（1539年）正月，严嵩才加太子太保，嘉靖十九年（1540年）七月，加少保，比夏言足足晚了四五年时间。在嘉靖七年到嘉靖十五年的时间里，严嵩和夏言就如龟兔赛跑般，逐渐拉大了距离。这其中，原因何在呢？

正所谓"高富帅"在任何时代都吃香。夏言身材高挑，眉目俊朗，又留了一脸很有艺术范儿的胡子，恰似玉树临风般，在人群中很有鹤立鸡群的感觉。"高富帅"三个字夏言占了首尾两条。同时夏言有才，应该说是"高才帅"。青词写得相当好，皇帝每次看了，都要赞不绝口的，"欲大用之"。果然这一用就收不住了，最后夏言在嘉靖十五年（1540年）入阁，三年后升为首辅，将严嵩远远地甩在后头。

不过严嵩阴狠的面孔并没有在最初的时候显露出来。他接任礼部尚书一职后，夏言对他一直颐指气使，屡以恩主身份待他，严嵩这才决定对夏实施报复的。但是严嵩的报复行动深藏不露，他甚至以柔媚的身段对待夏言的傲慢，以达到麻痹对手的目的。严嵩所在的礼部有时需向内阁呈送文稿，而其亲拟的文稿经常被夏言改得一塌糊涂，甚至夏还将文稿掷还严嵩，令其重拟。严嵩每次都笑眯眯地接受了。此其一；其二，严嵩为了与夏言搞好关系，常常在家里设宴请他吃饭。夏言要么答应了不来，要么来了之后一声不吭，故意冷场。面对如此羞辱，严嵩也还是笑眯眯地接受了。

但正所谓口蜜腹剑，严嵩一旦抓住不利于夏言的机会，那是要毫不犹豫地下手的。由于夏言为人傲慢，擅自坐轿出入西苑斋宫，以及拒绝佩戴皇帝特赐给阁臣的道家香叶冠，还上疏称此"非人臣法服，不敢当"；最重要的是夏言对写青词一事不再上心，经常拿旧作敷衍了事，嘉靖皇帝对他渐渐反感。严嵩则抓住机会，趁机有所作为。他每次写青词，都搜肠刮肚，语不惊人死不休。同时每去西苑时，必定恭恭敬敬地戴上其升级版的道家香叶冠——在叶冠上笼一层轻纱，看上去很有一种朦胧的美。

嘉靖二十年（1541年），帝国的天空出现日全食。皇帝要下诏罪己，严嵩乘机在其身边密语说该罪之人不是皇上而是首辅夏言。正因为此人胡作非为，所以天象才示警。由此，嘉靖下诏革去夏言的官职，令其回籍闲住。与此同时，严嵩的仕途步步高升：嘉靖二十一年（1542年）八月，他兼武英殿大学士，入阁办事仍掌礼部事。嘉靖二十二年（1543年）二月，严嵩获赐银记（即银印）一枚，印文为"忠勤敏达"，以便他朝夕入见，密札言事。嘉靖二十三年（1544年）八月，严嵩加太子太傅。同年九月，改兼吏部尚书谨身殿大学士，升任首辅。同年十二月，严嵩加少傅。

　　一边是夏言的去职，一边是严嵩的高升。严嵩的口蜜腹剑之功可谓收效显著。但世上事常常波澜起伏。嘉靖二十四年（1545年）年底，夏言复出，跃居首辅。严嵩则为次辅。正所谓圣心难测，严嵩的仕途突然遭遇危机。这不仅仅是复出后的夏言一如既往地对他颐指气使，要命的是严嵩的儿子严世藩有把柄落在夏言手中。严嵩任首辅时，让严世藩出任管理财赋的"尚宝司少卿"，结果这个宝贝儿子贪污受贿什么都来，夏言抓住这个把柄后准备告御状，附带地想让严嵩也下台。严嵩是怎么做的？严嵩开始危机公关。他放低身段，亲领儿子去夏言府上请求对方放自己一马。夏言也老到，托病不见。事实上此二人的博弈到这个时候夏言是占了上风的。如果他能将心肠硬到底，直将此事捅到皇帝面前，严嵩将圣眷不再。但很可惜，严嵩是人心大师，他抓住夏言不够决绝的性格弱点，先是贿赂夏言门人，进得府后直接跑到夏言跟前扑通跪倒，做可怜状，做悔恨状，做感恩状，做效犬马之劳状，直将夏言的心肠软下来，答应不将此事上报皇帝为止。由此，严嵩的危机公关得以功成。

　　如果我们将严嵩的此次危机公关放在日后他诬陷夏言且将其置于死地的背景下去考察，严的阴狠面孔由此得以完整呈现。嘉靖二十五年（1546年），陕西三边总督曾铣议复河套，夏言极力支持。曾铣此前曾数次领兵打败侵入河套地区的蒙古部落，他之所以要收复整个河套地区旨在建功立业。而夏言二次入阁，也有为自己增光添彩的考虑。这样一件看上去毫无私心的政治议题，在严嵩眼里却成了扳倒夏言的绝佳机会。

　　严嵩先是处心积虑地笼络人心，对皇帝身边的宦官毕恭毕敬，以为他日为自己进言所用。嘉靖皇帝身边的一个老宦官曾经如此评价几位内阁首辅对他们的应酬态度："我辈在大内日久,见时事凡有几变:昔日张璁先生进朝,我们要向他打恭;后来夏言先生入宫,我们只平眼看他。今日严嵩先生来,都要先向我们拱手拜礼才入宫。"严嵩经常给皇帝身边的小宦官一些好处,和颜悦色,做知心状,由此宦官们经常在皇帝面前为严嵩美言。在议复河套问题上嘉靖皇帝之所以出尔反尔,倾向于严嵩的最后所论,实在是与身边宦官经常性的美言分不开的。这是其一。

其二是严嵩善于抓住和制造机会,令皇帝疑心渐起。夏言奏报议复河套时,嘉靖皇帝当初也是同意的。但过后不久,蒙古部落出兵侵犯延安府宁夏镇,严嵩立刻抓住这个机会,让言官上疏弹劾曾铣轻启边衅,造成严重后果。与此同时,严嵩又收买皇帝身边的小宦官,别有用心地将各地灾异报告与议复河套奏章趁嘉靖醮斋祈祷时一起呈上,又唆使皇帝深为信赖的陶真人等道士进言河套不可复之言论,使皇帝疑心渐起。

其三,在政治上搞垮曾铣和夏言。严嵩唆使因犯军法曾被曾铣弹劾的边将仇鸾上疏诬告曾铣掩盖败绩、克扣军粮以及贿赂夏言等"罪行",又唆使锦衣卫都督陆炳站出来揭发曾铣向辅臣行贿和"结交近侍"的罪名,曾铣被杀。曾铣之死为夏言的去势埋下最后伏笔。

"今逐套贼,师(出)果有名否?兵食果有余否?成功可必否?一(曾)铣何足言,如生民涂炭何!"朝堂之上,皇帝向百官发出的这一连串疑问确凿无疑地将矛头指向夏言。夏言立刻辩解,并试图拉严嵩来为自己站台:"严嵩在阁中一直与我意见一致,现在他却把一切过错推于臣身。"那么严嵩又是怎么应对嘉靖皇帝的质疑的呢?他以退为进道:"复河套之议,实是以好大喜功之心,行穷兵黩武之举,上干天怒,为臣不敢反对夏言,一直没有依实上奏,请皇上您先处理我的失职。"如果放在官场政治学的背景下看两人的回答,真可谓高下立判了;再加上严嵩笼络人心功夫在先,皇帝的倾向性已是不言自明。此后，夏言被锦衣卫从老家抓回京师，弃斩西市，时年六十七岁。

　　之后，严嵩重新站稳首辅之位。他的脸上重现和蔼可亲之神态。但表象之下，严嵩那张阴狠的面孔其实若隐若现。总的来说严嵩是善变的，就像危机四伏的仕途，没有以不变应万变的恒定之策。善变者生存，不过善变者也可能灭亡。因为世上的逻辑生死相继，严嵩站上权力顶峰那一刻，也就意味着他要走下坡路了。

沮　丧

严嵩的最后一张面孔是沮丧。

沮丧是因为遭遇了一个人，徐阶。

在严嵩的仕途履历表上，从嘉靖二十三年（1544年）九月升任首辅直至嘉靖四十年（1561年），其官场曲线一直是向上的。嘉靖二十四年（1545年）七月，严嵩加太子太师。同年十二月，加少师。嘉靖二十五年（1546年）八月，加特进光禄大夫。嘉靖二十六年（1547年）十月，兼华盖殿大学士。嘉靖二十七年（1548年）八月，严嵩加升正一品俸。嘉靖三十六（1557年）八月，改兼支尚书俸。嘉靖三十八年（1559年）正月，改支伯爵俸。嘉靖三十九年（1560年）八月，加岁禄二百石。我们从中可以观察到，嘉靖二十七年之前，严嵩升的是官职；嘉靖二十七年之后，严嵩官职已经升无可升，只能在职称工资上更上层楼。从一品俸到一品俸兼支尚书俸，再到伯爵俸，最后在伯爵俸的基础上加岁禄二百石，严嵩事实上领的不仅仅是工资，而是皇帝对他的恩宠。

其实，在嘉靖四十一年（1562年）严嵩出事之前，有关他的各种弹劾就层出不穷。嘉靖三十二年（1553年）正月，兵部武选司郎中杨继盛上疏弹劾严嵩十罪五奸；三月十一，巡按云贵御史赵锦上疏弹劾严嵩恃权纵欲；嘉靖三十七年（1558年），刑科给事中吴时来上疏弹劾严嵩贪财纳贿。这些弹劾无一例外地以失败告终。弹劾者的命运或革职为民，或流放充军，更有甚者付出了生命的代价。比如弹劾者杨继盛先是下诏狱，杖一百，随后在嘉靖三十四年（1556年）十月二十九，被斩弃市，时年仅四十岁。这些人的遭遇说明皇帝对严嵩的恩宠确保了他的仕途可以在一段时间内安然无恙。如果我们在这些背景下看徐阶暗战严嵩的话，那的确是一出跌宕起伏的好戏。而严嵩败在徐阶的算计之下，最后一张面孔以沮丧示人，又仿佛让人想到了那四个字——因果轮回。

徐阶比严嵩小二十三岁，他们两个的的确确是两代人了。在仕途起点上，徐阶自然要落后得多。严嵩是正德二年（1507年）授翰林院编修的，徐阶则在嘉靖二年（1523年）以探花及第，授翰林院编修。也就是说徐阶踏上仕途要比严嵩晚了整整十六年。嘉靖三十一年（1552年）三月初九，徐阶以礼部尚书兼东阁大学士，参与机务。但在此之前，严嵩已经做了八年内阁首辅，是个老资格的相国了。徐阶如若在这样的比对情况下挑战徐阶，当然很傻很天真。

不过真实的历史情境是徐阶没有出手，而是严嵩出手了。或者说严嵩一直未雨绸缪，在警惕徐阶可能的崛起。徐阶这个人总的来说也是有才的。早年即"工诗文，善书法"。他之所以以探花及第，说明文章写得相当不错。他进入仕途仿佛是严嵩当年的克隆版——以撰青词博得皇帝赏识，在礼部任职之时就和其他阁臣一起被召至西庐为皇帝写青词，还获赐飞鱼服等，隐约已经显出要发达的迹象来。严嵩之所以警惕徐阶其实不仅仅于此，还有一个他很忌讳的原因是徐阶当年进入仕途是夏言荐用的结果，换句话说他是夏言的人。因此，严嵩要尽一切可能阻止徐阶上位。比如嘉靖三十年（1551年）二月，严嵩就向皇帝打小报告说："徐阶所乏非才，但多二心。"

但徐阶这个人也的确是老辣。他不像夏言那样傲慢、高调，而是夹起尾巴做人，韬光养晦，以图发展。为此他两手抓，两手都硬。一手抓严嵩——"谨事严嵩"，一手抓皇帝——更加"精治青词"，在夹缝中求生存、求成长。

正所谓世上事此消彼长。一方面徐阶在成长；另一方面严嵩在衰老。嘉靖四十年（1561年），严嵩八十一岁，作为内阁首辅，很多政事他已经转给儿子严世蕃代为处理。最要命的问题是"严嵩受诏多不能答，所进青词又多出自他人之手"，皇帝开始有些冷淡他了。但即便如此，要是没有更大失误的发生，严阁老或许可以在仕途上以全始终的。只可惜这年十一月，严嵩还是出现了失误，或者说他犯了一个重大的政治性错误——由于嘉靖皇帝当时所住的西苑永寿宫失火，严嵩建议他搬到南城离宫去住。南宫曾是英宗皇帝先被俘虏归还后被幽禁的地方，皇帝认为严嵩此举为"且欲幽我"——相反地，徐阶在此事上要善解人意得多，他建议皇帝重修永寿宫，并且用当时修建奉天殿、华盖殿、谨身殿三大殿的余料重修，以节省国库开支。皇帝一听，当然是龙颜大悦，并让徐阶之子来督造工程。次年三月，永寿宫修复，嘉靖皇帝加官徐阶为少师，徐差不多与严嵩有同等的政治待遇了。

但严嵩最后的落败还不在这件事上，而是在嘉靖四十一年（1562年）五月十九日，御史邹应龙受徐阶暗使，上《贪横阴臣欺君蠹国疏》，弹劾严嵩父子弄权黩货，多行不法事。邹应龙弹劾说："严嵩父子广置良田美宅于南京、扬州等处，无虑数十所，抑勒侵夺，怙势肆害，所在民怨入骨……严嵩受国厚恩不思报，而溺爱恶子，弄权黩货，宜亟令休退，以清政本。"这样的一个弹劾要是放在嘉靖四十年（1561年）之前，邹应龙恐怕凶多吉少。但是嘉靖四十一年的严嵩昏招迭出，已呈失宠之势，所以邹应龙弹劾正逢其时。皇帝马上下旨：严嵩放纵严世蕃，负国恩，令致仕还乡，严世蕃则下于狱。

其实严嵩在最后出事之前，也曾重施柔媚身段，向徐阶乞怜。他在家中摆酒设宴，并让子孙家人跪拜徐阶，自己举杯说："嵩旦夕且死，此曹惟公哺之。"其沮丧神情难以言表。但事已至此，严嵩颓势难挽。嘉靖四十四年（1565年），严嵩被贬官籍，儿子严世藩处斩，家产亦被抄没。嘉靖四十六年严嵩病死，终年八十七岁。严嵩虽得高寿，却没能善终。死前的他寄食墓舍，死后"不能具棺椁，亦无吊者"（见《国朝献征录》卷十六《大学士严公嵩传》）。严嵩的仕途人生，以清纯始，以沮丧终，恰似走了一个轮回，繁华落尽，峥嵘毕显，最后结局不可谓不苍凉矣。

第 9 章

高拱：与人斗，其乐无穷，其哀亦无穷

仕途初亮相

　　在高拱的仕途履历表上，"出身"一栏向来填得很骄傲。祖父高魁，成化年间的举人，官至工部虞衡司郎中。这郎中属员外级，分掌各司事务，其职位仅次于尚书、侍郎和丞相等高级官员。而工部虞衡司掌管帝国山泽的采捕、陶冶器物等事。虽非要职，但也不是虚职。要细究起来，高拱的祖父差不多是个副部级官员了。而高拱的父亲高尚贤，正德十二年（1517年）进士，历任山东按察司提学佥事、陕西按察司佥事等，最后也官至光禄寺少卿。光禄寺专管祭祀、朝会、宴乡酒醴膳羞之事，光禄寺少卿是从四品，算起来也是个司局级以上干部。所以就出身来说，高拱可以说生在官宦人家。倘若要考公务员的话，背景还是有的。高拱为人也很聪明，"五岁善对偶，八岁诵千言"。一看就是读书的料。高拱十七岁乡试夺魁，前景一片看好。但不知为何，此后过了十三年，他才考中进士，授任翰林编修。又过九年，升翰林侍读。岁月蹉跎下来，一转眼竟是奔四的人了。翰林侍读是陪太子或皇子读书的角色。嘉靖三十一年（1552年），高拱刚好四十岁的时候，裕王（后来的穆宗）开邸受经，高拱被选进府入讲，当了一名讲师。但是当时的裕王并没有被选定为太子。原因是嘉靖皇帝生有八子。长子朱载基，生二月即死。虽然追封哀冲太子，但很显然，真正的太子不可能由他来当。嘉靖皇帝属意的太子是二子朱载壡，嘉靖十八年（1539年）他被立为太子。只是天不假年，这个法定太子在十七岁也就是嘉靖二十九年（1550年）时夭折。虽然三子也就是被封裕王的朱载垕胜出希望很大，但嘉靖却瞩目四子朱载圳，他当时被封景王，与裕王朱载垕同岁，仅小一个月而已，是其异母兄弟。此二人当时都居京城，这说明嘉靖皇帝心里还是看好四子的。因为若封三子为太子，那么四子就应该出藩，也就是到封地居住，以免对太子的人身和权力安全构成威胁。此番原皇太子朱载塨已殁两年而新储未建，很显然嘉靖皇帝在三子和四子之间举棋不定，或者更直截了当一点，他是在为四子上位寻找一个恰当的理由。

如果我们在这样的背景下看高拱的仕途的话，似乎存在两种可能性。一是裕王被立为太子，他贵为太子老师，可堪大任；二是景王被立为太子，裕王被废，高拱作为裕王这一脉的人，永世不得翻身。所以高拱在裕王府侍讲期间，包括严嵩和徐阶等政坛大佬对其始终持谨慎观察态度，未敢轻易擢升。嘉靖三十九年（1560年），已经做了九年侍讲师的高拱才悄然发现，自己的职位有了变化，成了太常寺卿掌国子监祭酒。国子监祭酒是掌管宗庙祭祀之事的长官，正三品。也就是说从这一刻开始，高拱步入了高级干部的序列。但在高级干部序列中，正三品的品级也不是很高，掌管宗庙祭祀之事也非要害职位。所以说到底，这还是严嵩和徐阶等对高拱谨慎观察态度的继续。毕竟侍讲九年了，那个关于太子由谁来做的谜底也快揭晓了。此时给高拱一个合适的安排，就是向未来的太子人选裕王一个致敬。政坛大佬会做人就体现在这里。人家是杀鸡给猴看，严嵩和徐阶等是借花献佛，拿国家公器来献私媚。一步不落，也一步不敢超前。可谓恰到好处。当然聪明如高拱者，对这其中的机心是看得很明白的。他期待着局势进一步明朗。

第二年，也就是嘉靖四十年（1561年），局势果然明朗起来。嘉靖皇帝令景王离开京城前往封地居住。这样裕王立为太子的可能性大大增强。高拱也明白自己的价值将与日俱增，因此在百官面前甚至在严嵩和徐阶等面前也不再谨小慎微，刻意委屈自己了。当时严嵩是内阁首辅，徐阶是次辅，两人钩心斗角，形成两大门派。一般底下的官员，都为如何站队而苦恼。因为非此即彼，讨好了其中一个，也就得罪了另一个。高拱的态度是谁都不讨好，也谁都不得罪，以平视甚至漠视的态度对待他们。比如他敢和权倾天下的严嵩开玩笑，称其和下属在一起的情态是"大鸡昂然来，小鸡悚而待"。这个很有些调侃的意味，调侃严嵩为人傲慢、目空一切。一般人等若这样说，严嵩早就勃然大怒了，但高拱如是言，他也只得自嘲了事。这让高拱进一步明白自己在仕途上的分量了。

景王出藩后，高拱快速提升。嘉靖四十一年（1562年），高拱升礼部左侍郎（相当于中央文明委副主任），后兼学士。次年（1563年）转吏部左侍郎兼学士（相当于组织部副部长），掌詹事府事，参与重录《永乐大典》的工作。嘉靖四十四年（1565年），主持乙丑会试，升礼部尚书兼翰林院学士（相当于中央文明委主任）。从礼部左侍郎到礼部尚书，高拱升任正部级干部只用了短短三年时间。其实，在高拱的快速提升过程中也差点出了事。他有一次在进题中"以字嫌忤上意"——出考题时一不留神出现了敏感词，导致龙颜大怒，嘉靖皇帝准备将他降级外调，以示处罚。这个时候徐阶站出来保他，事情才得以转圜。高拱最终有惊无险。当然徐阶之所以出面保高拱，还是因为高已然是太子之师。因为嘉靖四十四年（1565年），景王在藩地突然去世，这样裕王为太子的地位完全确立。高拱在仕途上的更上层楼，已是呼之欲出了。

高拱升礼部尚书后，被特召进入直庐，服侍在里面修道的嘉靖皇帝。高拱自己也努力，"以青词见宠，得赐飞鱼服"——这个待遇已经直追严嵩、徐阶等阁臣了。嘉靖四十五年（1566年），因为徐阶推荐，高拱拜文渊阁大学士，正式入阁参政。这一年他五十四岁，以一个不大不小的年纪跻身帝国权力核心层。

高拱明白，他的巅峰时刻到来了。

较量徐阶

　　在高拱和徐阶的个人恩怨史上，事实上更多的不是恩，而是怨。徐阶对高拱多有提拔，后期当然也有所得罪。不过和高拱的睚眦必报相比，两个仕途中人的品性高下立判。高拱是靠一个"狠"字上位的，虽然狠的源头在恩。徐阶对他有恩，后期的张居正在其复出时也对他有恩，但高拱以怨报德，从而完成了他的仕途和人生曲线，成为个性鲜明的"另类"。

　　徐阶在嘉靖四十一年（1562年）五月斗倒严嵩，成为内阁首辅。此前他一直低调处事，甚至把自己的孙女嫁给严嵩的孙子做小老婆，所谓"徐阶曲意事严嵩"，最终反戈一击昂然上位，造就了一段仕途传奇。对这样一个阅历丰富的总理级高官，又加上上文所述的对高拱多有照顾，照理说，聪明如高拱者没有必要与他为敌。因为内阁成员相当于现在的国务委员，高拱爬到了这个位置，成为徐阶的直属下级，已经十分不易。即便再有野心，假以时日和平过渡为首辅也不是不可能的。因为高比徐小九岁，又圣眷正隆，仕途上再往前走应该问题不大。但正所谓性格决定命运。高拱的性格验证了那句话：不是寻常人，不走寻常路。《明史·高拱传》记载高拱"性迫急，不能容物，又不能藏蓄需忍，有所忤触之立碎。每张目怒视，恶声继之，即左右皆为之辟易"，这就很不尊老爱幼了，不是谦谦君子的形象。性格如此，再加上上面有裕王罩着，高拱那是看谁都不顺眼。而他和徐阶的第一次冲突，发生在直庐期间。当时皇帝久居西苑修道，西苑已然成为第二办公场所。内阁大臣纷纷以召入直庐为荣，以未被召为耻。上文说了，高拱写青词有才，他和首辅徐阶以及有"青词宰相"之称的袁炜属于常召人员，可以不去阁中办公，专在西苑陪皇帝青烟缭绕就可以了。其他人员见了，便趋之若鹜，无心阁事，围着西苑直打转。内阁时常空无一人。嘉靖皇帝觉得还是要以国事为重，下旨："阁中政本可轮一人往。"这就要排一个值班名单出来。谁不用值班，谁需要两头跑，需要有个安排。徐阶老谋深算，不置一词。高拱便负气对徐阶说："公元老，常直可矣。不才与李（春芳）、郭（朴）两公愿日轮一人，诣阁中习故事。"意思是你徐阁老是元老，俺怕了你，你天天待西苑算了，值班就由我们几个阁臣来吧。高拱的火暴脾气在这句话里展露无遗——要换成心机深厚者，意思还是这个意思，话却可以说得委婉动听，不得罪人。但高拱却自恃有背景，实话直说，终于使徐阶"拂然不乐"。要知道当时内阁资历颇深的次辅李春芳见了徐阶"侧行伛偻若属吏"，那是相当尊重。与此相对比，高拱的傲慢更显突出。这是他和徐阶的第一次冲突。虽然没有大规模展开，但两人的不和已经初露端倪。

高徐两人的第二次冲突则以吏科给事中胡应嘉上奏弹劾高拱一事为标志。胡应嘉主要弹劾高拱两大罪：一是"（高）拱辅政初，即以直庐为隘，移家西安门外，黩夜潜归"；二是"皇上违和，正臣子吁天请代之时，而拱乃为归计，此何心也"。这两大罪说起来都是查有实据的。头一件指高拱虽然年过半百，却膝下无子，为了尽快传宗接代，便革命生产两不误——偷偷将家移至西华门附近，又偷偷在直庐期间跑回家从事造人活动。这个严格算起来既是脱岗，也是欺君。罪状不可谓不重；第二件事更严重。高拱在直庐时听说"皇上违和"，也就是皇帝生病了，他以为不治，竟然立刻收拾东西"黩夜潜归"——连夜逃走，大约是和裕王商量接班大计去了。应该说胡应嘉奏劾高拱此二事，出手阴狠，是置人于死地的做法。但高拱怀疑胡应嘉一个小小的组织部干事，将炮口对准他这个国务委员，背后一定有人指使，而这指使人高拱猜测便是徐阶无疑。因为此事成了胡应嘉未能得多大益，败了将承担严重后果，但徐阶却不同。原因有三：一是，胡应嘉是徐阶的同乡，两人有乡谊；二是，徐阶在直庐问题上受到高拱的冷嘲热讽，应该说有报复动机；三是，胡应嘉的奏疏是由徐阶代递给嘉靖皇帝的，他们都有利益驱动，已然结成利益共同体。所以高拱断定，这是徐阶组织和策划的一次清除行动，以将他高拱驱逐出内阁为目的。

但出人意料的是，胡应嘉上奏弹劾高拱一事最后不了了之。因为嘉靖皇帝确实病得很厉害，已经不省人事了。嘉靖四十五年（1566年）十二月，嘉靖去世，裕王上位为隆庆皇帝。他没有追究此事，高拱安然涉险。他和徐阶的第二次冲突也没有大规模爆发出来，但这并不意味着两人的矛盾化解；相反，由于太子上位为天子，高拱势力走强，他和徐阶的冲突爆发终于有了旗鼓相当的现实或者说实力基础。第三次冲突由此呼之欲出。

高徐两人的第三次冲突发生在徐阶和张居正为嘉靖皇帝密草遗诏，却将阁臣高拱、郭朴排除在外这一事件上。这一点徐阶做得不够光明磊落。因为张居正是他的门生，徐阶不避嫌不说，还将中间派郭朴推到高拱那一边，党争之象已显。高拱自然是不肯受这气，便在内阁会议上公开向徐阶发难。只是因为没有更适合的借口将徐阶扳倒，高拱便苦苦等待机会。

随后不久，这样的机会终于降临。给事中欧阳一敬上疏弹劾高拱，将其比作奸相蔡京。虽然作为一个比喻，随便什么说都是可以的。但要是没有证据的话，此说就涉嫌诽谤了。欧阳一敬拿不出证据来。高拱请徐阶严查此事，以保一个国务委员的人身清白。徐阶却置若罔闻。高拱见状，打辞职报告求退，终于惊动穆宗调查此事，并且向徐阶施加压力。徐阶却依旧是一副不合作、不反对的态度，由此高拱便在内阁会议上向他公开发难，说："公在先帝时导之为斋词以求媚。宫车甫晏驾而一旦即扳之。今又结言路而逐其藩国腹心之臣，何也？"意思是给事中欧阳一敬是他的枪手，他徐某人正是幕后主使。但高拱的发难被徐阶巧妙化解。徐阶辩解说："夫言路口故多，我安能一一而结之，又安能使之攻公。且我能结之，公独不能结之耶？"意思是大家都有关系网，谁也别在这装清白。高拱当然不甘心失败，便使出杀手锏称徐阶的上位是靠写斋词写上去的，不能服众。徐阶则针锋相对，称高拱其实也染指此道："独不记在礼部时，先帝以密札问我：'拱有疏，愿得效力于斋事，可许否？'此札今尚在！"说得高拱面红耳赤，无言以对。

不过这场较量并没有到此结束，因为高拱的撒手锏还有一个，且是重量级的。高拱称徐阶子弟和家人在乡里横行不法，为了增加胜算，高拱又暗地里指使门生齐康上疏弹劾徐阶。徐阶无奈，只得打辞职报告请求归去。两人博弈至此，一切貌似水到渠成，徐阶去位合情合理且合法，但历史的吊诡之处却在于，它常常既在情理之中，又在意料之外。由于徐阶在新帝上位时搞拨乱反正的工作深得人心，他的请辞消息一传出，那些受益于他的新老官员便纷纷上疏弹劾高拱罪状，史料记载三个月之内弹劾高拱的奏疏竟多达三十余份，"高拱不自安，连疏十二，称病乞休。"而穆宗迫于形势，也只得让他以少傅兼太子太傅、尚书、大学士衔的崇高荣誉回乡养病，并派专人护送。一场闹剧至此暂时落幕。

当然，我们之所以称其暂时落幕，是因为这场闹剧还有续集，并且更加惊心动魄，充分地演绎了两个人的恩怨史，令世人感慨不已。隆庆二年（1568年）七月，徐阶因年龄原因退休了。次年，高拱以大学士兼掌吏部的名义复出。仕途其实就是这样，几多浮沉。不到生命最后一刻是看不到谜底的。高拱复出之后，继续致力于挑战徐阶之事。这个很符合他的个性，那就是要置政敌于死地——徐阶退休后想安度晚年，可能吗？高拱重拾他的杀手锏，那就是再拿徐阶子弟和家人在乡里横行不法来说事。他上疏说："原任大学士徐阶（放归后），当阖门自惧、恬静自养可也。夫何自废退以来大治产业，黜货无厌，越数千里开铺店于京师，纵其子揽侵起解钱粮，财货将等于内帑，势焰熏灼于天下"，另外，他指控徐阶 "故违明旨，（令人）潜往京师，强阻奏词，探听消息，各处打点，广延声誉，迹其行事，亦何其无大体也"。 高拱出手不可谓不狠辣。尤其是后一点，说起来是很犯皇家忌讳的。但高真正的狠辣之处是拿徐阶三个儿子开刀，他授意原苏州知府蔡国熙（后被提拔为苏兵备副使）治徐阶三子之罪——蔡国熙知恩图报，着手准备将徐阶三个儿子"皆就系，拟以城旦，革其荫叙，入田四万亩于官"。"城旦"，用现在的话说就是参加农场劳动的劳改犯。而"革其荫叙，入田四万亩于官"是没收个人财产，剥夺政治权利终身乃至于子孙后代。徐阶听闻高拱如此出招，没办法，"从困中上书拱，其辞哀"。他向高拱低头认输了。此后直到万历十一年（1583年）闰二月二十六，八十一岁的徐阶在家中去世，他都认栽在高拱手下。高拱在仕途上其实正是这样的人——别让我东山再起了，俺老高一旦重新得势，势必要推倒重来、独占鳌头的。接下来，他争做首辅之路以及与张居正的总较量正是这种争强好胜的表现。但很可惜，张居正不是徐阶，高拱未能将其击败，最后自己反而栽在他和宦官冯保的合谋计划里，黯然引退，郁郁而终，从而完成了一个有野心、敢冒险、睚眦必报的仕途中人的命运曲线图。

较量张居正

　　古今中外，仕途中人最在乎的一点无非是官场排名。隆庆元年（1567年），内阁有六名成员，排名按顺序如下：徐阶、李春芳、郭朴、高拱、陈以勤、张居正。这其中徐阶是首辅，高拱按资历来讲是排名第四的阁臣，张居正则是排在最后一名的阁臣。高拱在较量张居正之前，事实上存在着与其他排名较前的同僚较量的一个过程。这样的较量惊心动魄，很能体现仕途的残酷性。我们细看高拱的挑战史，正是应验了那句老话：与人斗，其乐无穷。高拱无疑是乐在其中的。

　　应该这么说，徐阶去后，高拱以自己是新帝肺腑之臣自居，开始了在内阁中上位为首辅的举动。但在当时，高拱并不占很大的优势。因为他虽然自以为是隆庆皇帝的肺腑之臣，可在徐阶去后，隆庆皇帝（穆宗）还是任命资深阁臣李春芳为首辅。并且除李春芳外，其他阁臣的实力也不容小觑。比如郭朴，早在嘉靖四十年（1561年）就任吏部尚书了。嘉靖四十五年（1566年）三月，郭朴兼任武英殿大学士，与高拱同时入阁。另外，在阁臣中像张居正也不是等闲之辈。张居正十六岁中举人，二十三岁中进士，初为编修官后升至侍讲学士令翰林事。隆庆元年（1567年），他以裕王旧臣的身份，任吏部左侍郎兼东阁大学士。同年四月，又改任礼部尚书、武英殿大学士。在组织派系中，张居正是亲徐阶派的。上文所述，当嘉靖皇帝去世时，时为内阁首辅的徐阶和张居正一起商量共同写就嘉靖遗诏，并未通知高拱，这是高张之所以走向不和的原因。高拱要想问鼎首辅，按正常官场资历或者说程序而言，实在是希望不大。但作为一个自负之人，他又想快速达成自己的目标。由此，高拱开始了驱逐行动，借助他和隆庆皇帝的特殊关系，将对他有威胁的阁臣们排挤出去，以求尽快上位。

高拱的排挤行动遵循由易及难的原则，先从新晋阁臣赵贞吉开始。赵贞吉是嘉靖十四年（1535年）的进士，隆庆初在宫中担任直讲，和高拱一样都是帝师。隆庆三年（1569年），赵贞吉在徐阶去位后进入内阁，也称得上是老资格的阁臣了。赵贞吉在内阁掌管都察院，相当于现在检察院检察长职务，而高拱在内阁兼任吏部尚书，相当于现在的组织部部长，两人权力高度集中，赵贞吉对高拱又不以为然，称高拱"久专大权，广树众党"，高拱自然是要除之而后快。他指使自己的门生、吏科都给事中韩楫上疏弹劾赵贞吉，逼迫后者上乞休疏。而隆庆皇帝在权衡利弊后，选择弃赵保高——赵贞吉终于被赶走了。

其实在赵贞吉去位之前，另一个阁臣陈以勤目睹同僚间尔虞我诈，自己却无法作为，便在隆庆四年（1570年）向皇帝连上四疏请求告老归乡。这样，在隆庆朝的阁臣中，高拱最有分量的对手只剩下首辅李春芳了。李春芳原为次辅。隆庆二年（1568年）徐阶去后，五十八岁的李春芳继徐阶升任为首辅，"累加少师兼太子太师，进吏部尚书，改中极殿"（见《明史》列传第八十一），由此成为高拱的重点攻击对象。实际上，齐康当年弹劾徐阶之时，也曾攻击次辅李春芳和首辅徐阶在内阁中狼狈为奸弄乱朝政。只是李春芳性格恭谨，穆宗下旨慰留，李春芳才递进为首辅。《明史·列传第八十一·李春芳传》记载："始（徐）阶以人言罢，春芳叹曰：'徐公尚尔，我安能久？容旦夕乞身耳。'"这表明在高拱的逼迫下，李春芳的处境也很艰难。隆庆五年（1571年），给事中王祯在高拱的暗示下，上疏指责李春芳"亲已老而求去不力，弟改职而非分希恩"，意思是说李春芳高居相位之后，就枉顾亲人，是为"不忠不孝"。李春芳在高拱的道德压制下，不得不五上乞休奏疏求去。由此，高拱的又一重量级对手从内阁中消失。

李春芳之后是大学士殷士儋。此人比较猛，不似李春芳等人委曲求全，富有斗争精神。他虽然和高拱一样，曾做过裕王的老师，却并不因此讨好高拱，故而长期得不到提拔。隆庆四年（1570年），直到李春芳去职后，他才任文渊阁大学士。所以当高拱将目标对准他，指使门生韩楫弹劾他时，殷士儋终不能忍，和高拱在内阁当场爆发了。他怒骂高拱说："若先逐陈公，再逐赵公，又再逐李公，次逐我。若能长此座耶？"说罢还当众挥拳击打高拱。只是殷士儋的鲁莽行为适得其反，隆庆五年（1571年）十一月，他被逐出内阁，成为高拱大棒之下的又一牺牲品。

由此，内阁中除了高拱，只剩郭朴和张居正了。其实，郭张二人若联手的话，高拱要达成目的殊非易事。但此前徐阶在草诏事件中未和同列阁臣的高拱、郭朴一起商量，有意无意间将郭朴和高拱绑在了一起。《明史·郭朴列传》记载"及世宗崩，（徐）阶草遗诏，尽反时政之不便者。（高）拱与（郭）朴不得与闻，大恚，两人遂与阶有隙。言路劾拱者多及朴。"当时言官弹劾高拱时多波及郭朴，郭朴作为一个"受害者"，自然不会和张居正结成战略联盟。而高拱也乐得区别对待，只将矛头指向张居正。隆庆五年（1571年），高拱的手下人传言张居正接受已经下野的徐阶三万金的贿赂，以为其犯事的三子进言。两人关系愈加紧张。次年，给事中曹大野上书言及高拱不忠十事。高拱则怀疑他是受张居正所指使，愈发产生要逐张居正出内阁、自己独掌大权的念头。高拱较量张居正，至此正式拉开序幕。

应该说在较量的最初阶段，高拱是占优势的。因为在当时的内阁里，张居正其实再可无结盟的对象。另外，作为亲徐阶派，在徐阶退隐的背景下，他也没有外力可以援助。同时，就和皇帝的私人关系而言，张居正也不如高拱来得深厚。高拱在嘉靖三十一年（1552年），裕王出阁讲读时，就任首席讲读官。随后讲读九年，"府中事无大小，（裕王）必令中使往问"，裕王还先后手书"启发弘多""怀贤""忠贞"等字赠赐给他，可谓深得裕王的赏识和倚重。高拱后来之所以敢在阁中与时任内阁首辅的徐阶公开舌战，倚仗的就是当年裕王、现今隆庆皇帝对他的私人感情。而张居正是在嘉靖三十九年（1560年）后才去裕王府讲读的，只不过只是当时数位讲读官中的一员，和高拱的首席讲读官身份及其与裕王的私人关系无法比。所以在高拱发动这场的首辅争夺战中，张居正是处于不利地位的。

那么，高拱又为何最终落败呢？这是因为张居正采取了这样一个策略——联手敌人的敌人，各取所需，同时增加自己的胜算。张居正观察到，司礼监秉笔太监冯保与高拱结怨颇深，是谓可以联手的敌人的敌人。而隆庆皇帝病入膏肓，高拱可以倚重的力量正在逐渐消失。如何在仕途危局中破局、做局进而构筑一个有利于自己的局面，高拱做得不如张居正老到。

或许我们在这里还要重点介绍一下冯保。因为高拱不仅是败在张居正手里，其实也是败在冯保手里。在他和冯保的前史中，其实已经隐含着将此人往张居正那方力推的因素。这是高拱为人、为官最终失败所在。和张居正的处境一样，隆庆时代的冯保也是个郁郁不得志者。他虽然早在嘉靖时期就混上了司礼监秉笔太监的职位，却在隆庆年间受到高拱的弹压，始终得不到升迁。隆庆元年（1567年），高拱推荐御用监的陈洪为司礼监掌印太监——这是内府之中的最高职位，按道理原本应该由秉笔太监冯保来递补的，高拱却打破常规，有意打压他。甚至在陈洪被罢免后，高拱仍不让冯保去掌司礼监印，而是推荐了另一个叫孟冲的人上位。由此冯保和高拱结怨。张居正联手冯保，是因为他们有共同的敌人高拱以及各自的利益追求。冯保想上位为司礼监掌印太监，张居正也想成为内阁首辅，如此而已。

但高拱却不明白这些。他麻痹大意，听任张居正和冯保结盟。在隆庆皇帝病危的时候，张居正瞒着高拱，和冯保一起秘密准备了隆庆"遗诏"。史料记载，在这个过程中，"两人交益固"。这份遗诏其实是张居正起草的，中心意思是让司礼监辅佐太子，并让司礼监太监和高拱、张居正等阁臣同受顾命。遗诏只字不提当时司礼监掌印太监孟冲的名字，只以"司礼监"三字一笔带过，以麻痹高拱可能会产生的疑心。但遗诏公布后第二天，两宫（指万历皇帝生母李太后和穆宗正宫娘娘陈皇后）亲传懿旨称："孟冲不识字，事体料理不开，冯保掌司礼监印。"（见《中官考》卷一〇〇）高拱悔之晚矣。

冯保升任司礼监掌印太监后，高拱立刻展开反击。他一方面指使工科都给事中程文、吏科都给事中雒遵、礼科都给事中陆树德及广西道试御史胡孝等人弹劾冯保，指责他"四逆六罪""三大奸"；另一方面上名曰《特陈紧切事宜以仰裨新政疏》请求今后"一应章奏俱发内阁看详拟票上进"，试图罢黜司礼监的权力，将权力完全归之于内阁。这是高拱从人身和制度两方面入手对冯保发起攻击。但高拱糊涂就糊涂在事已至此，他居然还看不清张居正的真面目，甚至派心腹韩楫将此事密报张居正说："行且建不世功，与公共之。"意思是他要和张居正共同驱逐冯保，罢黜司礼监的权力，以做到集权于内阁，共建不世之功。

那么，张居正怎么反应呢？他将计就计，一方面和韩楫虚与委蛇，称："去此阉(指冯保)，若腐鼠耳。即功，胡百世也！"另一方面紧急联络冯保，要他采取对策。张居正的高明之处在于接下来，他和冯保设计了一个引蛇出洞的桥段，借以激怒高拱，使得他祸从口出，酿成大错，以为其利用。当高拱上疏被以内批的形式退回后，他看到的是在上面，冯保以万历皇帝名义写下的四个字：照旧制行。意思是司礼监的权力不得罢黜，一切按照老的规章制度去执行。高拱由此激愤，脱口而出这样一句话："安有十岁天子而能自裁乎？"冯保立刻篡改这句话里的意思，向万历小皇帝进谗言道："高先生（高拱）说，十岁儿安能决事！"表面上看，"自裁"和"决事"意思差不多，但在不同的语境下，"十岁儿安能决事"性质要严重得多，很有犯下"欺君之罪"的嫌疑。十岁的万历小皇帝由此大怒，史料记载他入告皇太后，"高拱因此酿祸不可解"。

应该这么说，高拱毫无顾忌的言行在为自己减分的同时，事实上也是在为张居正加分。高拱自恃是首席顾命大臣，不把李太后和万历小皇帝放在眼里，清人谷应泰写的《明史纪事本末》记载，"一日，内使传旨至阁。拱曰：旨出何人？上冲年，皆若曹所为，吾且逐若曹矣"，其嚣张气焰，由此可见一斑。而"十岁儿安能决事"一语传开后，高拱的仕途已然走到尽头。隆庆六年六月十六，在神宗即位六天后，两宫太后与万历小皇帝联名颁旨罢黜内阁首辅高拱曰："今有大学士高拱专权擅政，把朝廷威福都强夺自专，不许皇帝主管。不知他要何为？我母子三人惊惧不宁。高拱便著回籍闲住，不许停留。"

高拱就这样黯然离去。不过仕途虽已结束，高拱却还有话说。他归家后，发愤著书立说，写了《病榻遗言》等书。《病榻遗言》其实是一部政治回忆录，是高拱对自己与张居正较量经过的一次总结。在这本书里，高拱是己而非张，认为张居正"附保逐拱""矫诏顾命""招权纳财""谋害元辅"等，很有事后诸葛亮的感觉，当然高也借此抒发了自己失意之后浓浓的仕途惆怅。

万历六年七月初二（1578年8月4日），高拱病卒，享年六十六岁。他的一生，可谓与人斗，其乐无穷，其哀亦无穷。其人生况味，一言难尽。

第 10 章

魏忠贤：一个男人的发迹与覆灭

官场异数

魏忠贤是个官场异数。

作为河间肃宁(今河北省肃宁县)一户贫困人家的子弟，魏忠贤既不是富二代，也不是官二代。他甚至不识字，酷爱赌博，年轻时为了逃避赌债经常东躲西藏。品行不端，基本上算是一个市井无赖。这样的一个人，究竟靠什么手段爬上高位，成为大明官场呼风唤雨的人物的呢？

一个时代，如果市井无赖得以呼风唤雨，良善之辈如东林党人横遭迫害，深层原因应该是时代本身出了问题。话从头说，万历十七年（1589年），当河间府肃宁县的市井无赖李进忠被选入宫中，成为司礼秉笔太监孙暹手下一个打杂的小伙计时，他不知道，在此后的岁月里，自己竟然有能力深刻地影响帝国朝局。熹宗皇帝成为他的铁杆玩伴。这个后来更名为魏忠贤的人引导皇帝极尽声色犬马之好，自己却包揽政事，成为帝国的一个传奇人物。

事实上魏忠贤刚进宫时，做的是最下等的太监，被安排做杂役。但一个叫魏朝的大太监随后改变了他的命运——他将魏忠贤从一名普通的杂役太监转至司礼监秉笔太监、掌管东厂的孙暹手下，负责管理库房。毫无疑问，这是个有油水的工作，关键是魏忠贤开始接近权力核心——东厂。那么魏朝为什么能改变魏忠贤的命运呢？首先是他在皇帝面前说得上话。魏朝是最早伺候并保护熹宗皇帝朱由校的太监，所谓侍卫有功。另外，魏朝是明朝万历、泰昌、天启年间的"三朝大太监"王安的下属，资格不可谓不老。魏朝想为哪个小太监说话，命运的改变那是分分钟的事。关键是，魏朝为什么想改变魏忠贤的命运呢？

正所谓做一名太监不难，做一名会来事的太监很难。而魏忠贤就会来事。他巴结魏朝，并和魏朝结拜为异姓兄弟。为了向魏朝表达忠心耿耿之意，此公改李进忠之名为魏忠贤——又忠又贤，还从异姓兄弟升级为同姓兄弟。大家都姓魏，不照顾一下都不好意思。魏忠贤由此成为一名库房管理员，这绝对是个肥差。

但很显然，魏忠贤不是那种小富即安之人。一辈子做一名库房管理员不是他的理想。要想更上一层楼，还需贵人提携。魏忠贤这次瞄准的贵人是大太监王安。因为他比魏朝更大腕，利用空间或者说自己今后的晋升空间更大。王安从万历二十年（1592年）起就服侍朱常洛、朱由校父子。尤其在移宫一事上，他联合外廷的杨涟、刘一璟等大臣拥朱由校登基，使朱由校从此摆脱了"西李"（李选侍）的控制，成为一个有独立人格的皇帝——熹宗皇帝。而熹宗皇帝朱由校登基后，对王安那是言听计从，感激不尽。魏忠贤接近王安，毫无疑问比接近魏朝更有价值，因为他可以直接接触到皇帝，自己日后飞黄腾达的可能性大大增加。

关键是魏忠贤还懂得曲径通幽，在靠近王安的同时还靠近皇帝朱由校的奶妈客氏，两手抓，两手都挺硬的。这里需要重点交代下客氏。这是一个神一样的女人，是中国历史上为数不多能够改变历史进程的女人之一。这个客氏名巴巴，原是河北一个农妇，定兴县侯巴儿（侯二）之妻，生有一子名侯国兴。十八岁时客氏就入宫成为当时的皇孙朱由校的乳母，也就是奶妈。但这个奶妈与其他奶妈不同之处在于她能全方位掌控朱由校，使其对自己产生依赖感。朱由校登基后未满一月，就封客氏为奉圣夫人，同时她的儿子侯国兴、弟弟客光先俱封锦衣千户。至于客氏本人，熹宗皇帝也下诏赐香火田。这一点其实不是最关键的，因为它没有充分体现出皇帝对客氏的依赖感。真正的案例源于天启元年（1621年）二月，熹宗皇帝大婚礼毕，御史毕佐周、刘兰上疏奏请令客氏出宫，大学士刘一燝也持相同看法。熹宗不忍客氏离去，替她辩解说："皇后幼，赖媪保护，俟皇祖大葬议之。"总之是找出各种理由让客氏留下。后来客氏虽然离开宫廷，但熹宗皇帝"复又召入"，这个奶妈的重要性，由此可见一斑。

这个奶妈对皇帝重要，对魏忠贤来说同样重要。因为魏忠贤观察到，客氏"每日清晨入乾清暖阁侍帝，甲夜后回咸安宫"，跟皇帝朝夕相处；每逢客氏生日，皇帝朱由校都会亲自去祝贺。而客氏每一次出行，其排场都不亚于皇帝。出宫入宫，清尘除道，香烟缭绕，宫廷内外"老祖太太千岁"的呼声惊天动地。这说明什么，说明客氏是和最高权力紧密联系在一起的，而魏忠贤需要的恰恰是这一点。

但对魏忠贤来说，有一个关口必须要过，那就是如何处理魏朝与客氏的关系。因为在当时，魏朝与客氏对食，也就是说结成了名义上的夫妻，关系可谓如胶似漆。这一点对魏忠贤非常不利。因为既然是夫妻，哪怕是名义夫妻，就有利害关系。客氏凡事必为"老公"魏朝着想，魏忠贤想接近最高权力，根本是门都没有。那么魏忠贤怎么办？他使了一招，叫横刀夺爱——强行接近客氏，从魏朝手里夺走他的老婆。

关于魏忠贤横刀夺爱的过程，《甲申朝事小记》记载说，这两个人先是"共私客氏"，最后魏忠贤渐占上风，公然当着魏朝的面和客氏在乾清宫西阁亲热嬉闹。魏朝觉得"是可忍孰不可忍"，和魏忠贤厮打，最后事情越闹越大，惊动了皇帝。皇帝出来当裁判，说："客奶，只说谁替尔管事，我替尔断"（见《酌中志》），并最终准许客氏以后跟魏忠贤过日子，也就是所谓的对食，魏朝完败。

的确，魏忠贤的非同寻常之处就在于他能痛打落水狗，对失意者不仅踏上一只脚，还要置他于死地。泰昌元年（1620年）十二月，魏忠贤假借皇帝诏令，将魏朝发配到凤阳守皇陵。这是调虎离山的意思，目的是把他赶出京师，以便下手。魏朝也聪明，走到半路，情知不妙，赶快溜之大吉，逃到蓟北山中的寺庙躲起来。但魏忠贤岂肯放他，在其授意下，当地差役抓捕魏朝，并在献县看守所活活勒死了他。

魏忠贤为了以绝后患，对曾经的恩人、现今落败的情敌魏朝下此狠手，这是其非同寻常之处——能痛打落水狗。魏朝死后，魏忠贤在客氏的鼎力协助下逐渐受到熹宗的赏识。没过多久，魏忠贤就从惜薪司被提拔为司礼监秉笔太监，代替皇帝执笔批阅大臣们的奏章，从此成了皇帝身边最亲近的人。但魏忠贤想更上一层楼，还面临着一大阻碍，那就是王安。王安是魏朝的保护伞。因为在魏朝的引荐下，王本来看好魏忠贤。魏朝与魏忠贤争风吃醋落败后，他在一旁看不下去，怒其不争，狠狠打了魏朝几个耳光，并勒令他去兵杖局养病，最后还将其调离乾清宫——这其实是保护魏朝的意思，以图东山再起。因为明眼人都能看出来，魏忠贤投靠客氏，锋芒正盛。魏朝不可与其用强。但魏忠贤却不放过魏朝，对其痛下杀手，这让王安疏远了魏忠贤并对其心生警惕。

扳倒王安

　　所以接下来，魏忠贤的目标就是扳倒王安。事实上，这是个很难完成的任务。因为从万历二十年（1592年）起王安就服侍朱常洛、朱由校父子。早在光宗朱常洛时代，他就是皇帝的亲信宦官，系司礼监秉笔太监。尤其是在"移宫"一事上，王安联合外廷的杨涟、刘一璟等大臣拥朱由校登基，使朱由校成功摆脱了"西李"（李选侍）的控制，居功至伟。而熹宗皇帝登基后，对王安是言听计从。面对这样一个重量级的人物，魏忠贤想打败他，几乎不可能。

　　但魏忠贤还是出手了。他抓住了王安的一个性格弱点——刚直而疏、心思不够缜密，一方面，联合客氏经常在皇帝面前进谗言；另一方面，王安由于年纪大了，经常生病，与熹宗的接触逐渐减少，这使得他缺少为自己辩白的时机。王安和魏忠贤两人在皇帝面前的受宠程度，毫无疑问就呈现出此消彼长的态势来。而接下来王安辞让司礼监掌印太监一事，成了魏忠贤打击他的绝佳时机。

　　天启元年（1621年）五月，朱由校任命王安为司礼监掌印太监。这件事情在魏忠贤看来非同小可。因为司礼监掌印太监的权力在秉笔太监之上。王安一旦上位，魏忠贤作为秉笔太监，就要被其压制。魏忠贤怎么办？他接下来采取了两步走策略。一是让客氏在熹宗面前数落王安的不是；二是唆使给事中霍维华弹劾王安。就在这时，王安自己也犯了一个致命的错误，上辞呈辞让司礼监掌印太监一职。实际上这是官场上的官样文章，王安也只是装装样子罢了，心里还是很想履新的。但魏忠贤和客氏抓住这件事不放，双管齐下进王安的谗言，指其欺下罔上。皇帝犹豫不决时，魏忠贤又自作主张，矫颁圣旨将王安发配到南海子做净军——让他成为宦官军队的一分子。

事情到了这个地步，魏忠贤恩将仇报的特性已经展露无遗。但客氏比魏忠贤更狠，她要斩草除根。当魏忠贤在要不要置王安于死地这个问题上犹豫不决时，客氏对他说了这样一句话："尔我孰若西李，而欲遗患也！"意思是说，你我跟李选侍比怎么样？她都被王安逼得移宫僻居了，我们为什么还要留下后患呢？

魏忠贤很快就下定决心：王安不除，自己的人身安全就没有保证。因为王安曾经有恩于熹宗皇帝，他若不死，随时有可能东山再起。虽然从另一方面说，王安也对他魏忠贤有恩，但魏忠贤的人生信条是"菩萨心肠成不了大事"。只有恩将仇报，才能出人头地。何况这又不是他第一次恩将仇报？对魏朝已然下手了，且得到了好处，那难道对王安不可以这样做吗？从现实的角度考虑，除去王安，司礼监掌印太监的位置才能空出来。他魏忠贤是最大的受益人。

于是，魏忠贤联合客氏暗地里派当初李选侍宫中的太监刘朝去掌管南海子，目的就是要置王安于死地。刘朝与王安本来就有仇。他到任后，先是不让王安吃饭。王安求生欲强，掘草根为食，似乎是要顽强生存下去，以图东山再起的意思。史料记载：刘朝由是"扑杀之"，王安遂一命呜呼。

数不胜数的牺牲品

实际上，除了魏朝、王安外，在魏忠贤飞黄腾达的仕途上，牺牲品数不胜数，如周宗建、杨涟、赵南星、高攀龙和左光斗等。

天启三年（1623年）二月二十八，御史周宗建上疏弹劾魏忠贤结党营私，准备将其一网打尽，没想到皇帝站在魏忠贤一边，诏夺周宗建俸禄三月——扣发了他三个月的薪水，以示惩戒。

杨涟是一个标签人物，昭示着帝国的世道人心。这个万历三十五年（1607年）的进士也是东林党的后起之秀，以追随顾宪成的风骨而自励。这或许是解释他上疏弹劾魏忠贤二十四大罪的一个原因。天启四年（1624年）六月初一，左副都御史杨涟向皇帝揭发魏忠贤二十四大罪，称"大小臣工，皆知有忠贤，不知有皇上，乞正法以快神人之愤"；皇帝当然不可能将魏忠贤正法，相反，四个月后，杨涟付出了代价，他被削籍——开除公职，并在次年三月下狱，经受了严刑拷打。锦衣卫动用了很多酷刑，死时"土囊压身，铁钉贯耳"（见《碧血录》），情状惨不忍睹。杨涟去世后，帝国官场掀起了反魏风。有七十多名高级官员上疏弹劾魏忠贤不法。但是很遗憾，这些上疏弹劾的人统统受到熹宗的严词切责。魏忠贤在皇帝心目中的地位至高无上。

河北人赵南星在民间有很高的声望，与邹元标、顾宪成称为海内"三君"。魏忠贤最初是不想与他为敌的，而是试图拉拢利用。他派自己的外甥傅应星去拜见赵南星，赵南星却拒而不见。赵以齐天下为己任，曾告诫魏忠贤：

"主上冲龄，我辈内外臣子宜各努力为善。"由此遭到魏忠贤的打击报复。天启四年，赵南星被发配代州，三年后死于流放地。继杨涟之后，又一个帝国的风骨轰然倒下。

高攀龙是明代著名学者、东林党领袖。他二十五岁时追随顾宪成一道讲学，于程朱理学多有钻研。顾宪成去世后，高攀龙成为东林党首。世称"顾高"。天启四年（1624年）八月，高攀龙拜左都御史，因揭发御史崔呈秀贪污之事得罪魏忠贤，于同年十月罢归。后因崔呈秀挟私报复，派锦衣卫缇骑前往无锡欲逮捕高攀龙回京，高遂于天启六年（1626年）三月十六写下遗书，"衣冠赴水"而死，年仅六十五岁。

安徽人左光斗是万历三十五年（1607年）的进士，天启四年（1624年）拜左佥都御史。因为与杨涟共同弹劾魏忠贤，又和高攀龙一起揭发御史崔呈秀贪污之事，左光斗被削籍。天启四年（1624年）十月下狱，五年八月在狱中去世。左光斗生前与杨涟两人为朝局着力深巨，朝野并称其"杨左"。

从万历十七年（1589年）算起，差不多三十年之后，熹宗赐魏忠贤世荫的荣耀，荫封他的兄弟魏钊为锦衣卫千户。这是魏忠贤仕途飞黄腾达的开始。魏忠贤的追随者有"五虎五彪十狗十孩儿四十孙"之说。其中，"五虎"为文职，包括工部尚书兼左都御史崔呈秀等五人；"五彪"为武职，包括左都督田尔耕等五人。而"十狗十孩儿四十孙"也是各有其人。天启五年（1625年）十二月，御史卢承钦为了取悦魏忠贤，仿《点将录》构致东林党人关系图，称"东林自顾宪成、李三才、赵南星而外，如王图、高攀龙等，谓之副帅，曹于汴、汤兆京、史记事、魏大中和袁化中谓之先锋，丁元荐、沈正宗、李朴和贺烺谓之敢死军人，孙丕扬、邹元标谓之土木魔神。请以党人姓名罪状，榜示海内"。由此一轮新的打击呼之欲出。左都御史邹元标与左副都御史冯从吾在京创建的首善书院被毁，紧接着东林、关中、江右、徽州等地书院俱毁。邹元标、冯从吾、孙慎行、余懋衡、周宗建、张慎言、黄尊素、邹维琏、卢化鳌和熊明遇等东林党人被先后削籍。

威望到达顶点

天启六年（1626年），魏忠贤在帝国的威望到达顶点。这一年，他的生祠遍天下。这一发端于杭浙一带的兴建魏忠贤生祠的运动得到皇帝的支持。熹宗皇帝赐名建于西湖的魏忠贤生祠为"普德"，还令杭州卫百户守祠。由此，花费数万到数十万的生祠在全国各地陆续出现。魏忠贤的生祠遍地开花：工部郎中曾国桢建生祠于卢沟桥畔，巡视五城御史黄宪卿建生祠于宣武门外，顺天府尹李春茂建生祠于宣武门内，而且建到了皇帝祖坟边上；孝陵卫指挥李之才建生祠于孝陵前，河道总督薛茂相建生祠于凤阳皇陵旁。短短一年中，一共建造了魏忠贤生祠四十处。监生陆万龄甚至提议在国子监建造魏忠贤生祠，给出的理由是："孔子作《春秋》，忠贤作《要典》，孔子诛少正卯，忠贤诛东林，宜建祠国学西，与先圣并尊。"这是把魏忠贤抬到孔子的地位上了，而楚王包括袁崇焕在内也先后为魏忠贤建生祠，这成为魏忠贤权势一时无两的有力佐证。

我们再来看看魏忠贤的职位。魏是司礼太监和提督东厂太监，但很显然皇帝认为还不够，不仅进其上公，加恩三等，还赐魏忠贤"顾命元臣"的印鉴，准其享有九千岁的称呼，并默许百官对魏忠贤的雕像行五拜三稽首之礼。这是皇帝在礼仪层面上的突破——在帝国的礼仪秩序体系中，此前从未有过这样的突破；甚至皇帝还放弃他的最高权力，在忙于木匠活的时候让魏忠贤自由裁量政务。魏忠贤人生得意至此，几乎称得上是"立皇帝"了。

天启七年（1627年）八月，熹宗去世。由于没有子嗣，他的异母弟朱由检受遗命于同月丁巳日继承皇位，是为崇祯帝。天启七年（1627年）十月二十七，贡生钱嘉征上疏揭露魏忠贤十罪，其中最重要的有三条：一是并帝。魏忠贤与先帝相提并论，"奉谕旨，必云朕与厂臣"，钱嘉征质问历史上"从来有此奏体乎？"二是蔑后。魏忠贤蔑视皇后，并试图置其于死地。三是弄兵。魏操刀于禁苑之中，有可能日后武力威胁。崇祯皇帝接到这封奏疏时，年仅十七岁，即位才两个月，而魏忠贤把持权柄多年，有文臣崔呈秀、兵部尚书田吉、工部尚书吴淳夫、副都御史李夔龙、太常寺卿倪文焕等"五虎"；武臣田尔耕，许显纯、东厂理刑官孙云鹤、镇抚司理刑官杨寰、锦衣卫指挥崔应元等"五彪"伺其左右，位高权重、无人能敌。所以崇祯不得不面临一个生死攸关的挑战：要不要与魏忠贤较量一番？

此前，魏忠贤在熹宗刚刚去世、朱由检尚未上位之时就曾蠢蠢欲动，试图问鼎最高权力。都督田尔耕已经被他说服，准备起事，只是兵部尚书崔呈秀首鼠两端，"恐有义兵"，不敢轻举妄动，魏忠贤这才悻悻然作罢。但是很显然，他和朱由检的实力对比极为悬殊。在天启七年（1627年），新帝朱由检不过是一个符号，听凭魏忠贤摆布才是"正途"——起码在魏忠贤看来是这样的。

两个男人的博弈

　　尽管魏忠贤视新帝朱由检只不过是一个符号，但他以退为进，一试时局的深浅。在熹宗过世仅仅八天之后，九月初一，魏忠贤向崇祯提出辞去东厂总督太监的职务。但崇祯不许。魏忠贤很快出手了第二招。九月初三，在魏忠贤的策划下，客氏请求从宫中迁回私宅。这一次，崇祯犹豫了好长时间，才勉强同意。魏忠贤或许还不知道，这其实是崇祯的老成——对付魏忠贤欲速则不达，必须分而治之。

　　客氏出宫似乎成了推倒魏忠贤骨牌的第一股推力，不过魏忠贤也绝对不会善罢甘休，他差不多把整个大明朝的官员都打造成魏忠贤骨牌了，要玩完大家一起玩完！九月初四，因为巴结魏、客而成为司礼监掌印太监的王体乾作垂垂老矣状向熹宗提出辞职申请。按照《大明律》，司礼监掌印太监位在掌东厂太监之上，但王体乾为了巴结魏忠贤，平素竟甘愿屈居其下。现如今，作为堂堂的司礼监掌印太监，王体乾主动跳出来为魏忠贤骨牌充当牺牲品，明摆着是向大明朝的皇家威权叫板……十八岁的崇祯以无比诚恳的态度挽留了王体乾。他推心置腹、声泪俱下、动之以情、晓之以理，最后竟感动得老王发自肺腑地表忠心，就差说出是魏忠贤在背后指使他这么做的了。这一回合，算是崇祯赢了。

　　但是历史的小插曲说来就来。九月十四，右副都御史管南京通政司事杨所修义愤填膺地站出来，弹劾魏忠贤的亲信兵部尚书崔呈秀、工部尚书李养德、太仆寺少卿陈殷、延绥巡抚朱童蒙等人，说他们不孝，父母过世了不在家丁忧，有违崇祯刚提出来的"以孝治天下"的施政纲领。他同时弹劾吏部尚书周应秋这么多年来一直在混日子，提拔官员老是在搞平衡、和稀泥，"做人的底线到哪里去了？为官者的良知到哪里去了？"

魏党成员被弹劾，魏忠贤马上力保，他提醒崇祯，这些官员父母过世了不在家丁忧都是因为先帝夺情而留任的结果，对这样尽忠体国、公而忘私的官员，不但不予以表彰反而一棍子打倒，这以后朝廷的工作还要不要人做了？而吏部尚书周应秋，那绝对是坚持原则的好官，杨所修不就是他老人家提上来的吗？

魏忠贤的话让崇祯很难反驳。倒魏陷入了僵局，但是一个王朝的声浪已经开始了。十月二十二，工部主事陆澄源上疏弹劾魏忠贤。说他拉帮结派，党羽遍布神州，"尽废君前臣名之礼"，是可忍孰不可忍。崇祯听了，低头不语，不置可否。

两天后，兵部主事又上疏弹劾魏忠贤。兵部对崇祯迟迟不处罚魏忠贤觉得不可理解，崇祯听了，还是低头不语，不置可否。十月二十五，刑部员外郎史躬盛贴出了大字报，历数魏忠贤的罪行：

举天下之廉耻澌灭尽，

举天下之元气剥削尽，

举天下之官方紊乱尽，

举天下之生灵鱼肉尽，

举天下之物力消耗尽。

这些罪行看得满朝文武大臣哭声一片，但崇祯还是不置可否。官员们进一步施压。倒魏运动此伏彼起。十月二十六，继刑部员外郎史躬盛贴出了大字报后，一个小得不能再小的官员——海盐县贡生钱嘉征上疏揭发魏忠贤之十大罪状。崇祯看完奏疏后，召来魏忠贤，令内侍读钱嘉征疏。一条一条读得慢条斯理却又暗藏杀机，由此历史进入拐点时刻——魏忠贤害怕了。他以重金贿赂太监徐应元，请他在崇祯面前为自己求情。魏忠贤本不必这么做，如果他有和崇祯殊死较量一番的勇气的话。事实上魏忠贤在这件事上是示之以弱，给了年轻的小皇帝一鼓作气、扭转乾坤的豪情和动力。崇祯帝斥责徐应元多管闲事，并且还为此专门下了一道谕旨，严词呵斥魏忠贤："朕思忠贤等不止窥攘名器、紊乱刑章，将我祖宗蓄积贮库、传国异珍异宝、金银等朋比侵盗几空；本当寸磔，念梓宫（先帝棺材）在殡，姑置凤阳。（客、魏）二犯家产，籍没入官。其冒滥宗戚俱烟瘴永戍。"崇祯还下令，把魏忠贤的生祠全都拆了，折价变卖资助辽饷。

　　崇祯在十一月初一下令将魏忠贤安置在凤阳，此后魏忠贤被勒令火速离开北京前往凤阳祖陵。十一月初六，当魏忠贤庞大的队伍走到阜城县南关的时候，崇祯的又一道谕旨如影随形地跟到了："……岂巨恶不思自改，辄敢将畜亡命，自带凶刃，环拥随护，势若叛然。朕心甚恶……"此等情势下，魏忠贤只好选择自缢了。崇祯"诏磔其尸，悬首河间"，天启七年（1627年）十二月二十三，崇祯开始打击魏忠贤团伙。崇祯帝下诏："天下所建魏忠贤逆祠，悉行拆毁变价。"包括"五虎""五彪"在内的魏忠贤集团骨干分子受到惩处。这个历时一年多的打击行动由崇祯亲任总指挥，并最后裁定。处罚结果毫无疑问是严厉的或者说毁灭性的：魏忠贤反革命团伙中魏忠贤、客氏二人磔死（凌迟处死）。崔呈秀等以"首逆同谋"罪立斩；刘志选等以"交结近侍"罪问斩，判秋后处决；魏广微等十一人与魏志德等三十五人，全都充军，罪名是"诌附拥戴"，太监李实等以"交结近侍又次等"罪，判充军；顾秉谦等一百二十九人以"交结近侍减等"罪，判处有期徒刑三年；黄立极等四十四人被开除公职，永不叙用。这样在"魏忠贤钦定逆案"中，前后共有二百六十余人受到处置，而魏忠贤这个乱世年代发迹与覆灭的故事至此尘埃落定。

第 11 章

温体仁：让崇祯遭瘟的内阁首辅

把水搅浑

　　崇祯元年（1628年）十一月初三，明帝国的吏部按崇祯皇帝的指示精神，经研究讨论之后，推出了新内阁成员候选人名单。名单上一共有十一个人。吏部侍郎成基命、礼部侍郎钱谦益、吏部尚书王永光、都察院左都御史曹于汴赫然在列，另外，还有郑以伟、李腾芳、孙慎行、何如宠、薛三省、盛以弘和罗喻义等七名高官入选。这份名单推出后，有人欢喜有人愁。上榜之人自然欢天喜地，落榜者的心情自然不会好。比如未上榜的礼部尚书温体仁和侍郎周延儒就感到不爽。温体仁还观察到，吏部推出内阁成员候选人名单，吏部尚书王永光自己也不避嫌。何况王永光进内阁是迟早的事。现在有这个机会，进了也就进了，可其他人呢？像吏部侍郎成基命、礼部侍郎钱谦益和都察院左都御史曹于汴都不是正部级干部，论行政级别比温体仁至少低半级；论资历声望，没人能比得上学问大家、礼部右侍郎周延儒——凭什么名单上有他们而没有温周二人呢？温体仁、周延儒自然很不服气。

　　特别是温体仁，仕途一向很顺。这个浙江乌程归安(今浙江省湖州市吴兴区)人二十五岁中进士，二十七岁授翰林院编修，四十三岁升少詹事，掌南京翰林院印。四十九岁升礼部右侍郎，协理詹事，次年回部任左侍部，可以说在五十岁知天命之年成为副部长。五十四岁晋南京礼部尚书。五十五岁崇祯元年(1628年)时，温体仁受到皇帝的关注，正式升为北京的礼部尚书，此时进内阁，对温体仁而言是人生的第一大事。但礼部毕竟不是吏部，组织部门主导内阁成员候选人名单，那是他们的本职工作，温体仁何以置喙甚至改变目前版本的候选人名单呢？他将目光落在了同样未上榜的周延儒身上。

周延儒，字玉绳，常州府宜兴县人，万历四十一年（1613年）二十岁时连中会元、状元，后以少詹事掌南京翰林院事。崇祯皇帝即位后，提拔为礼部右侍郎。从这份干部履历表看，周延儒和温体仁比，除了二十岁时连中会元、状元外，似乎没有什么特别出众之处。但周延儒最大的特点是善于揣摩帝意，深得崇祯皇帝的器重与赏识。比如崇祯元年锦州兵变，督师袁崇焕请求拨付兵饷予以解决。在朝廷中众大臣也都认为非拨饷无以解决问题时，周延儒却建议皇帝说："饷莫如粟，山海粟不缺，缺银耳。何故哗？哗必有隐情，安知非骄弁构煽以胁崇焕邪？"这也是崇祯皇帝的真正担心之处。因为他一直认为所谓的兵变是边将要挟的行为艺术秀，诸大臣昏昏然无以辨识，毫无疑问都是庸官，唯独周延儒透过现象看本质，见识高人一等，是可以属意和重用的对象。此后，崇祯对周延儒刮目相看。而温体仁据此推测，此次内阁成员候选人名单上缺了他和周延儒，崇祯皇帝一定是不满意的。在这个意义上如果将名单推倒重来，以便自己上位，也不是不可能的事情。不过，问题的关键还在于，必须要找到一个突破口——推翻此名单的由头，如此事情才有可为。

那么，突破口在哪儿呢？温体仁在对上榜的所有人的名字反复揣摩后，最后将目光落定在"钱谦益"三个字上。这个钱谦益是万历三十八年（1610年）一甲三名进士，授翰林院编修，文才出众，被视为江左三大家之一。其又是东林党的领袖之一，由于在魏忠贤罗织东林党案中受牵连，削籍归里。崇祯元年时复出，应诏北上，出任礼部右侍郎。钱谦益与当时的叶向高、孙承宗、高攀龙、杨涟、左光斗、周顺昌、黄道周和文震孟等名流交往密切，在民间颇具影响力。这样的一个重量级人物，温体仁将其视作推翻内阁成员候选人名单的突破口，莫非钱真有什么把柄被他抓住了吗？

还真有。温体仁随即向崇祯紧急上了一份奏疏，名曰《直发盖世神奸疏》，揭发天启元年（1621年）时，钱谦益在浙江主持科举考试，接受考生钱千秋的贿赂。身为主考官，如此"神奸结党"，怎能成为阁员候选人？温体仁在奏疏中甚至称钱谦益"欲卿贰则卿贰"（想让谁当官就让谁当官），"欲枚卜则枚卜"（想推举谁就推举谁），问题不是一般的大。

由此，仕途中人温体仁抓住和钱谦益有关的七年以前的一桩旧案，一边撩拨起皇帝的好奇心和正义感，一边试图浑水摸鱼，将既成格局重新洗牌后以谋求上位。而崇祯也果然上套，在收到奏疏后第一时间做出决定，在文华殿召开全体干部大会，要温体仁与钱谦益当面辩论，把问题说清楚。

历史总是给人遐想和操作的空间。毕竟七年前的一桩旧案只有当事人清楚，旁观者想要还原，想回到历史现场一睹究竟，并非易事，何况还有暗藏机心的温体仁从中作梗。其实若论这桩案子，也是早已结案了的。天启元年（1621年），钱谦益奉命到浙江做主考官时，归安县人韩敬、秀水县人沈德符勾结阅卷考官，冒用钱谦益的名义，预先约定考卷中的暗号，向考生们收取好处费。而考生钱千秋以一句俗俚诗"一朝平步上青天"为暗语，将这七个字安插在每段文章的结尾，以便考官辨识。结果考官果然心领神会，定其为省试第一(解元)。该受贿案后来被人告发，钱千秋被革去举人功名，并处以充军的惩罚，同时，刑部审讯后认为，主考官钱谦益虽然对此案不知情，也未参与，但也应承担失察之责，故扣罚三个月的薪水。该案就此了结。但温体仁却要在这桩已经了结的案子上大做文章，以达到把钱谦益拉下台的目的。

文华殿的干部大会开得火药味极浓，因为温体仁一上来就认定："此番枚卜（推选阁员候选人），都是钱谦益事体。（钱千秋案件）不曾结，不该起升，如何起升？如今枚卜，不该推他在里面……"（见《春明梦余录》《烈皇小识》，下同）很显然，作为仕途老手，温体仁深知破局的要害之处，就是抓住钱谦益所谓的"污点"不放，将推选阁员候选人之事与候选人的人品联系起来，一语中的。

只可惜书生钱谦益没有温体仁那样老到，他既不具进攻性，也不具防守性，而是像一个谦谦君子一样，竟然谦逊地承认温体仁对他的弹劾是正确的。

钱谦益回答道："臣才品卑下，学问荒疏，滥与会推之列，处非其据。温体仁参臣极当。但钱千秋之事关臣名节，不容不辩……现有卷案在刑部。"值此政治斗争的关键时刻，钱谦益的瞎谦虚等于承认自己不够阁员候选人资格——"才品卑下，学问荒疏，滥与会推之列"，意思是说自己是滥竽充数之人，从而给对手一个攻击的把柄。当然，钱谦益也不是完全无可救药的。他在一番瞎谦虚之后本能地抓住问题的关键所在——结案的案卷在刑部，可供详查。

仕途的争斗都在细节间体现。对温体仁来说，案卷在刑部是个很不利的细节或者说物证。与此同时，人证也出现了。候选人之一吏部尚书王永光当众证明说："钱千秋事，臣已奏过皇上，钱千秋到官结案了。"礼科都给事中章允儒也证明说："臣当日待罪在科，曾见招稿（招供笔录）。"两人均证明卷案在刑部，就是支持卷案里关于钱谦益部分的结论：对此案不知情，也未参与，只承担失察之责，且当年早已做出处罚，并不影响这次的阁员推选。至此，温体仁处在一个不利的位置上：皇帝如果较真儿，去刑部调案卷来看，他势必会落败，从而劳而无功，甚至惹火烧身，落一个诽谤的罪名。

这个时候，温体仁的仕途经验再次起作用了。他不再纠结于钱千秋案件到底是否结案，而是把话题往党争上引："会推不与，臣应避嫌引退，不当有言，不忍见皇上孤立于上，是以不得不言。"温体仁这话，其实表达了两层含义。一是避嫌，表示自己不是针对阁员候选人资格去的；二是暗示推选过程中有结党营私现象，只是皇上不知。温体仁的话说得欲擒故纵，分寸感极强，充分显示了一个成熟政客的游刃有余。甚至当崇祯向他发问"卿参'神奸结党'，奸党是谁"时，温体仁故意吞吞吐吐地说："钱谦益之党甚众，不敢尽言。"这越发激起皇帝的好奇心——由此，作为有"精神洁癖"的崇祯，将此次会议的重点转到了子虚乌有的党争上面——温体仁的目的初步达到了。

第一个被揪出来的"党争分子"是礼科都给事中章允儒。章允儒向温体仁质疑说："会推阁员完全大公无私，温体仁资格虽老，但声望较轻，没有推举他。如果钱谦益有丑闻秽迹，你为什么不在枚卜之前提出呢？"温体仁见章允儒上套，立刻下定义说："章允儒所说，正可见他是钱谦益一党。"

温体仁话音刚落，章允儒就被崇祯拿下了。紧接着，温体仁将目标瞄准吏部尚书王永光，指责他是此次会推的幕后操纵者，希望崇祯皇帝再次龙颜大怒，将王永光也拿下。因为只有这样做，温体仁推翻现版名单的目的才能真正达到。

崇祯果然怒了，他质问王永光说："朕传旨枚卜大典，会推要公，如何推（钱谦益）这等人，是公不是公？"

的确，王永光作为组织部部长，是要对此次推选活动负责的，但王永光的回答很巧妙，他说："（吏部是）从公会推，至于结党，臣实不知。"而且王永光回答之后，众多官员也纷纷援手，替其帮腔。御史房可壮说："臣等都是公议。"内阁辅臣李标表态说："（考场舞弊）关节实与钱谦益无干……据刑部招稿（审讯笔录），是光棍骗钱的，钱千秋文才原是可中的，光棍知道他可中，所以骗去。"

一时间，干部大会风向骤转，形势大大对温体仁不利。崇祯皇帝沉默不语，温体仁看起来败局渐显。所谓仕途凶险，往往就在话语机锋间。但温体仁的长处是反戈一击。他突然大声说："分明满朝都是钱谦益一党。"这话其实是说给崇祯听的——为皇帝指引会议方向，也为下步行动提供依据；而崇祯皇帝至此已经遭瘟——遭了温体仁的瘟。他置满堂公论于不顾，偏偏相信温体仁一家之言，认定钱谦益一案需要重审。至此，温体仁的会场博弈转败为胜，可以说曙光初现了。

但是，崇祯王朝的戏码偏偏来得多。温体仁还没有来得及暗自窃喜，阁臣钱龙锡说话了。他说，会推的各位大臣，品望不同，有的是才品，有的是清品，很难十全十美，例如人品清高者，有人说他偏执；有才识学问者，有人说他有党。哪里有人人都叫好的？希望皇上就在名单中挑选。

钱龙锡这话事实上是和温体仁博弈，意思是人无完人。钱谦益即使有错，也是可以堪当大任的。钱龙锡是万历三十五年(1607年)进士，曾经官居南京吏部右侍郎。后得罪魏忠贤，被革职。复出后李标为首辅，他为次辅，大搞拨乱反正，崇祯曾委派他审理魏忠贤逆案，一时间深得民心。崇祯可以说对他的意见一向是比较重视的。现在老钱既然如此发言，立场也较为中和，形势很可能就此逆转。温体仁咸鱼翻身的愿望，可以说遭遇了一大麻烦。

就在这个关键时候，周延儒站出来说话了："皇上再三问，诸臣不敢奏者，一则惧于天威，二则牵于情面。总之，钱千秋一案，关节是真……不必又问诸臣。"周延儒随即又说："（公推）只是一两个人把持住了，诸臣都不敢开口，就开口了也不行，徒是言出而祸随。"

周延儒的发言可谓恰到好处。一是他的声望在那里，并且和钱龙锡较量时还略占上风；二是周延儒的发言时机把握得很好，在会议临近尾声，大大小小的人物都已说过话，皇帝需要陈辞总结的时候，他递上自己的倾向性意见，可谓雪中送炭。这其实是温体仁和他商量的结果。一个打前站，另一个在关键时刻出击，力求一锤定音。

果然一锤定音。崇祯皇帝最后下谕旨："钱谦益关节有据，受贿是实，又且滥及枚卜，有党可知。祖法凛在，朕不敢私，着革了职。九卿科道从公依律会议具奏，不得徇私党比，以取罪责。其钱千秋，着法司严提究问，拟罪具奏。"

由此，对温体仁来说，仕途新格局开始呈现。钱谦益被革职了，内阁成员候选人出现了空缺。他有希望进入内阁了。但谁都没想到，新的一轮针对温体仁的弹劾热潮不期而至，以至于他不得不表示要引咎辞职。那么，这又是为何呢？

党争陷阱

　　钱谦益虽被革职，但内阁成员候选人资格的重选工作却没有立即进行。因为这个时候，温体仁沮丧地发现，舆情汹涌，且都是针对他而来的。御史黄宗昌指责温体仁以"结党"说为武器，钳制言路，以此为自己进入内阁寻找借口；御史王相说，温体仁用"钱谦益一党"堵塞言路，扣帽子、贴标签。其实不是钱谦益有党，而是温体仁有党！他强烈建议温体仁辞职以谢天下，这样才能证明他自己的清白。

　　当然，如果加以细究的话，这些御史的指责激情有余，理性论证却不足，多是逞口舌之快。温体仁最初听了虽然有些心惊肉跳，但很快就明白，他们的杀伤力其实并不大。自己已经和皇帝绑在一起，其奈我何？

　　但是接下来，对待一个叫毛九华的御史的揭发，温体仁却坐不住了。因为毛御史不像其他御史那样只逞口舌之快，而是提出三大证据证明温体仁有罪：证据一是温体仁在家乡用低价强买木材，遭到商人的起诉后，便贿赂阉党崔呈秀，以开脱私买商人木材的罪责；二是"阉党"分子在杭州为魏忠贤建生祠后，温体仁率先作诗颂扬魏忠贤；三是温体仁娶娼纳妾，还接受贿赂，侵夺他人田产。

　　由此，温体仁面临着仕途上的一大危机。因为毛九华揭发的三条罪状中，第二条是最重的，温体仁也深知这是崇祯皇帝绝对无法容忍的。要命的是温体仁当年还偏偏率先作诗颂扬魏忠贤，这是抹不去的事实。怎么办？老滑头温体仁很快进行了危机公关。温体仁危机公关的措施有两条。一是以退为进。温体仁上疏称，由于钱谦益党人多势众，而他却孤立无党，因此，乞求罢免了事。

二是虚张声势。温体仁称，自己绝无为魏忠贤谄媚献诗之事。为了维护清誉，他表示引退前要与毛九华对簿公堂，即便走也要走得光明磊落。

温体仁的奏疏写得极煽情，颇富感染力的。事实上他要达到的目的就是在纸上便打动崇祯的心，而不必真正与毛九华对簿公堂。所谓"以退为进"和"虚张声势"，都是温体仁向皇帝辩白的一种手段而已。温体仁或许相信，因为崇祯对他无原则地偏听偏信，事情不会走到对簿公堂那一步——但这一回，温体仁意外地发现，崇祯竟然没有"遭瘟"。崇祯二年（1629年）正月二十六，皇帝在文华殿再次召开全体干部大会，听取温体仁对其向魏忠贤谄媚献诗之事的解释。

都说圣心难测，老奸巨猾的温体仁这才体会到，在仕途混，随时要有置之死地而后生的准备；同时，还要有指鹿为马、颠倒黑白的辩才，因为谁都可能做错事、表错态。做错了事、表错了态其实也没什么，关键是能不能自圆其说，化黑为白，让眼睁睁的事实再眼睁睁地消失。很显然，温体仁具备这样的功力。当翰林院官员李建泰宣读完毛九华弹劾温体仁的奏疏后，温体仁辩解说，关于自己向魏忠贤谄媚献诗之事存在两大疑点。一是媚诗是木刻的，而不是手写的。他温体仁不是木匠，不对木刻诗负责。二是此诗原作者是谁待查。目前没有证据证明该诗是温体仁所写。温体仁提醒皇帝，此诗来源大有讲究，在此时出现的目的和原因待查。

温体仁的"疑点说"毫无疑问是有打击力的，因为它打击了崇祯皇帝那颗多疑而脆弱的心。皇帝马上要毛九华交代此诗来源。由此，温体仁发现，皇帝的倾向性已经悄悄地转移到自己这边。而在毛九华回答该诗是他八月中由民间买得时，温体仁立即抓住了这个时间上的漏洞。因为他弹劾钱谦益是在十一月，毛九华既然在八月就得到此诗，却故意匿而不发，其险恶用心已是昭然若揭。温体仁最后当头棒喝般地提醒皇帝：以钱谦益的声望与能力，有目的地造一首媚诗易如反掌。

就这样，温体仁在朝堂辩论中一步步将对手往党争陷阱里引。而崇祯皇帝也再次"遭瘟"，全面倒向温体仁。他下令将毛九华投入监狱，随后又任命周延儒以礼部尚书兼东阁大学士，入阁参与机务；温体仁以原官兼东阁大学士，入阁办事。接下来，内阁首辅成基命成了温周二人攻击的目标，他们想方设法迫使成基命罢官。由此，周延儒成为内阁首辅，温体仁紧随其后。内阁新格局就此形成。

不过，对温体仁来说，这一切不是结束，而是某种新博弈的开始。因为他接下来的博弈目标是，取代周延儒，自己成为内阁首辅。

腹黑之人恩将仇报

在温体仁入阁的过程中，如果我们细究起来，便会发现周延儒其实是有恩于他的。周延儒较先入阁参与机务，随即他就向皇帝极力推荐温体仁入内阁。虽然周延儒这样做也有自己的政治目的——引温体仁为自己的左右手，以为党援。但起码，他没有过河拆桥。但温体仁的仕途理念却是过河拆桥——当桥完成了它的使命时，温体仁便会毫不留情地予以拆除。对待周延儒，温就是这样的一种心态和做法。特别是在周延儒成为内阁首辅后，温体仁就开始了取而代之的行动。

在人事上，温体仁先是令手下揭露吏部尚书王永光参与锦衣卫卖官鬻爵一事，致其罢官，然后让同乡亲信闵洪学执掌吏部，又让心腹高捷、唐世济和张捷等人进入要害部门，从而完成对周延儒的权力包抄。崇祯四年（1631年）春天会试，温体仁针对周延儒的第一次较量开始了。这件事情的由头还是周延儒担任主考官后，让自己的姻亲（连襟）陈于泰会试廷对（口试）第一，老友吴禹玉之子吴伟业（梅村）考中状元。温体仁对此颇为不满。虽然没有明显的舞弊证据落在他手里，但温体仁还是上疏称新科会元吴伟业携带妓女来参加会试，德行有问题；状元陈于泰的文章写得太差，名不符实。同时，温体仁指使手下大造舆论，称周延儒秘密嘱咐各分场考官在呈卷以前就偷看密封的号码，以便识别吴伟业的卷子，从而让他得以高中。温体仁的舆论操纵工作做得很成功，一时间朝廷内外议论纷纷，对此次会试多有非议。温体仁认为周延儒需要为此引咎辞职了，但没想到周这个人却在崇祯得知此事之前，抢先一步将吴伟业的试卷送给皇帝御览。崇祯皇帝看了卷子后提笔批了八个字"正大博雅，足式诡靡"，由此肯定吴伟业是"货真价实"的状元，因此，温体仁白费功夫，他和周延儒之间的第一次较量以失败告终。

第二次较量发生在崇祯五年（1632年）。这一年春天，山东镇守李九成叛变，攻陷登州，并俘虏了巡抚孙元化。温体仁趁机上疏弹劾周延儒用人不当，因为周延儒举荐的山东巡抚孙元化丢了登州城。而周延儒也针锋相对，令自己的心腹兵部员外郎华允诚上疏攻击温体仁与吏部尚书闵洪学"朋比为奸"。崇祯则坐山观虎斗，并没有对周延儒做出任何处置。可以说温体仁和周延儒之间的第二次较量势均力敌，双方都没有能力完全置对方于死地。

第三次较量发生在崇祯六年（1633年）三月，温体仁放风称周延儒曾经对阁臣李标说："余有回天之力，看来今上是羲皇上人。"所谓"今上"指的是当今皇帝崇祯；而"羲皇上人"指的是伏羲氏以前的远古部落领袖。周延儒如此狂妄，有欺君罔上之嫌。崇祯闻讯后异常震惊。虽然周延儒是无心之言，可为了坐实他的罪状，温体仁又让上林苑典簿姚孙渠、给事中李世祺、前湖广副使张凤翼站出来做证，从而将周延儒逼上绝境。温体仁更狠辣的手段还在后面，当周延儒老泪纵横地向他求饶之时，温不但不收手，反而又向皇帝揭发他收受巨盗神一魁贿赂一事，由此，周延儒不得不引咎辞职，告老还乡。温体仁趁势取而代之，成为内阁首辅。

在温体仁和周延儒的三次较量中，仕途中人温体仁的狠辣与阴险可以说展露无遗。在当时，周延儒是深得圣眷的首辅，温体仁是受他提拔的次辅，两人的实力并不对等，而且前者对后者有提携之恩，温体仁当知恩图报才是——但官场不相信恩情，也不相信眼泪。温体仁为达目的，接二连三地向周延儒发起挑战。这一幕幕，颇有些官场厚黑学的意味。温体仁作为腹黑之人能笑到最后，似乎说明他对官场潜规则的精通程度已经到了出神入化的地步。

此时的温体仁，终于笑傲权力顶峰了。

最具迷惑力的仕途人物

温体仁在崇祯十年六月下台之前，百官们对他的弹劾接二连三。崇祯七年（1634年）五月，刑科左给事中黄绍杰上疏弹劾温体仁"庇私人，用贪秽，黜锢正直；私受贿赂多至万金；其私邸两被盗，丢失黄金宝玉无数，匿不敢言"，黄绍杰称，在这样一个奸相秉政期间，帝国的局面是天怒人怨，无岁不干旱，无日不风霾，无处不"盗贼"，无人不愁怨。他建议崇祯皇帝罢去温体仁。但是温体仁没被罢，黄绍杰自己却被降级使用了。

崇祯十年（1637年）五月，准备提拔为刑科都给事中的傅朝佑还在临川老家未抵京报到时，便忧国忧民地上疏弹劾温体仁的六大罪："得罪于天子；得罪于祖宗；得罪于天地；得罪于封疆；得罪于圣贤；得罪于心性。"结果，温体仁没被判罪，他自己先被判罪了。史载，奏疏呈报后，"帝怒，下狱按治。"意思是傅朝佑因为言行冲撞首辅而被关进大牢。崇祯皇帝"遭瘟之深"由此可见一斑。

但温体仁不知道，一个月后，他倒台的序幕就悄悄拉开了。这事算起来其实源于温体仁狠辣的性格，那就是把对手往死路上逼，以至于被反戈一击，最终栽倒。不错，温体仁瞄准的目标依然是钱谦益。事实上，钱谦益革职为民后，"闲住"家乡常熟已有七年时间。七年来，钱谦益没对温体仁做出任何挑衅的举动，低调做人，但温体仁却没有忘记他。毕竟是多年政敌，温体仁认为，钱谦益一有机会，东山再起也不是不可能的。所以为了一劳永逸，温体仁在这一年（崇祯十年）对钱谦益进行了"清理行动"，指使常熟知县衙门的师爷张汉儒告"御状"，抨击钱谦益以及受牵连罢官的瞿式耜在乡间横行不法，作恶多端。罪状多达五十八条，什么走私贸易、霸占他人田地和住宅等，"御状"中更指钱谦益的门生故旧遍布朝廷各个部门，而他本人有"遥柄政事，退而不休"之嫌。这个政治罪名比起经济罪名来更加严重，当然也是温体仁居心叵测之所在。作为一个仕途老者，温太知道如何攻击对手的命门了。"御状"上呈后，温体仁立即代拟圣旨：令三法司逮钱谦益、瞿式耜关入刑部监狱，严加询问。

接下来的局面一度十分有利于温体仁。崇祯皇帝继续"遭瘟"：江南巡抚张国维、巡按路振飞紧急上疏，为钱谦益鸣冤叫屈，皇帝置之不理；钱谦益在狱中上疏自辩，指温体仁指使亲信，阴谋陷害自己，皇帝还是置之不理。如此看来，钱谦益死罪难逃了。但关键时刻，他所托的一个人扭转了局势的进展方向。此人便是司礼监太监曹化淳。因为钱谦益早前曾为司礼监太监王安写过墓志铭，而曹化淳出于王安门下，钱谦益现在有难。曹化淳还是不忍坐视不管的。

其实事情到了这个地步，温体仁如果适时收手，仕途也并无大碍。毕竟崇祯皇帝"遭瘟"甚深，温体仁即便指使亲信，阴谋陷害钱谦益事败，也不是什么大问题，打个马虎眼就过去了。但温体仁的失策之处在于，他暗使他人出面诬陷钱谦益花了四万两银子求救于曹化淳。这就等于变相揭发曹化淳受贿了。曹化淳是何等人物？他十二三岁入宫，深受司礼太监王安赏识；后入信王府陪侍五皇孙朱由检也就是现在的崇祯皇帝，极受宠信。崇祯上位拨乱反正时，曹化淳受命负责处理魏忠贤时的冤案，平反昭雪两千余件，一时间为崇祯朝赢得仁和的清名，崇祯对他那是深为信任和倚重。曹化淳被诬指受贿后，主动向皇帝请求查办此案。最终反戈一击，向崇祯直指温体仁结党营私。温体仁的政治生涯开始进入倒计时。史料记载，曹化淳"乃尽得汉儒奸状及体仁密谋，疏上，帝始知体仁有党，遂命汉儒等立枷死"。

　　张汉儒被杀其实是杀给温体仁看的，但要命的是温体仁却执迷不悟，住进湖州会馆（湖州人的同乡会），向皇帝"引疾乞休"。温体仁以为，崇祯一定会挽留自己的，毕竟他在内阁频繁的人事变动中稳居首辅要职达八年之久。皇帝若不信任他，信任谁呢？但崇祯十年（1633年）六月十一，温体仁"得旨罢免"。一年之后，七十六岁的他就离开了人世。故事说到这里，或许应该结束了，但世事难料，温体仁死后还演绎了一段尾曲，并且有些出人意料。因为崇祯突然间又"遭瘟"了。他接到温体仁讣闻，又念起此公之好来，竟然下旨赠予温体仁太傅头衔，谥号"文忠"（温文忠公），似乎并不认可温体仁生前"有党"这样一个事实。一个仕途上最具迷惑力的人物，在死后还能再"摆弄皇帝一道"，说起来也令人哑然失笑。

　　仕途中人林林总总，在《明史》中获"机深刺骨"评价的温体仁真称得上是一大角。

第12章

索额图：始荣终败

手心出汗

康熙八年（1669年）五月十六，三十三岁的一等侍卫索额图发现自己的手心出汗了。因为这是个性命攸关的日子。康熙选择在这一日与鳌拜对决。而索额图作为皇帝的重要智囊，直接参与了倒鳌策划行动。此前几日，康熙"以弈棋故"召索额图入内谋划，讨论用青壮小内监习布库(摔跤角力)的方式，趁鳌拜不备之时一举拿获，"声色不动而除巨慝"。当然作为铺垫，康熙早早地挑选了一些年少有力的侍卫练习布库之戏，甚至大臣入奏、鳌拜进见时也不回避。或许康熙的想法是让鳌拜误以为皇上年少贪玩，但索额图却没来由地捏了一把汗——这一年皇帝十五岁，还是一个未成年人。期望如此以小博大，能成功吗？

其实，索额图当一等侍卫也才一年时间。一年前，他是吏部右侍郎，从二品。是谓新来的年轻人，前途远大。索额图之所以年纪轻轻就进了实权部门且官居高位，只因他是大清开国勋臣索尼之子。顺治帝福临去世前，曾遗命索尼、苏克萨哈、遏必隆、鳌拜为辅政四大臣，辅佐幼君康熙嗣位，索尼居四辅政大臣之首，"商议大事，无出索尼者"。所以索额图进吏部，那的确是很容易的事情。但世上事多意外，又说做人是有风险的。康熙六年(1667年)六月，索尼不幸病故。索额图于是成为仕途上的孤独行者。虽然他已是三十来岁的人了，但官场险恶，索尼的去世立刻打破了之前和鳌拜形成的制衡关系，鳌拜变得独大。另外，索尼去世前，曾上书康熙曰："世祖章皇帝(顺治帝)亦十四岁亲政，今上年德相符"，奏请亲政。而不知深浅的十四岁康熙竟然选择在七月初七"躬亲大政"，算是对索尼遗嘱的身体力行。

但事实上，这是极其危险的举动。康熙亲政前，鳌拜还不会将矛头直接对准他。他亲政了，再加上首辅索尼去世，鳌拜自然处处与其为难。索额图恐惧地观察到，鳌拜竟然对皇上动手动脚了。比如鳌拜为了让苏克萨哈去死，竟然对康熙"攘臂上前，强奏累日"，逼迫皇帝不得不公开判处苏克萨哈绞刑。苏克萨哈说起来也是老干部了，在四大辅臣中排名靠前，仅次于索尼。并且苏克萨哈本人无意与鳌拜为敌。他多采取隐忍态度。在因圈换旗地之争而导致的苏纳海等三名大臣被杀一案中，鳌拜询问朝臣们的态度，大家多畏惧其势力，唯唯诺诺，不敢有任何不满的表示。只有苏克萨哈沉默以对，由此得罪鳌拜。在康熙亲政后的第二天，苏克萨哈马上打了病休报告，以避免和鳌拜的正面交锋。他在报告中称自己身患重病，不能再继续上班了，请求去守先帝陵园，"庶可保全余生"。苏克萨哈想全身而退，鳌拜自然不肯放过。他向康熙责问说，苏克萨哈"不识有何逼迫之处，在此何以不得生，守陵何以得生"。与此同时，鳌拜命议政王大臣议苏克萨哈之罪，随后议出其罪二十四条，议政王大臣会议建议将苏克萨哈与其长子、内大臣查克旦凌迟处死，余子一等侍卫穗黑等六人、孙一人、侄二人均处斩，抄没家产。族人中有官职者均革职，且立即斩首。这是发生在康熙六年（1667年）七月十五，康熙皇帝亲政至此只不过八天的时间，鳌拜就以这样一个下马威的方式令小皇帝无条件接受。康熙大概犹豫了一下，鳌拜就像上文所说的，竟然对皇上动手动脚，"攘臂上前，强奏累日"，不达目的决不罢休。

鳌拜的目的果然达到了。苏克萨哈虽然没有如他所愿凌迟处死，但最后也被绞死了。两年后的康熙八年（1669年）六月，康熙宣布苏克萨哈案"殊属冤枉"。命恢复苏克萨哈及被株连人等原官，世爵由其子承袭，并发还家产。这其实从一个侧面说明，在当时刚刚亲政的康熙是迫于鳌拜压力才不得不做出违心的选择，也说明在当时历史背景下，与鳌拜作对者没有好下场。

　　当然，索额图的恐惧不仅仅来自于苏克萨哈这样一个个案。与此同时，弘文院侍读熊赐履的遭遇也充分说明与鳌拜作对者没有好下场。熊赐履是湖广孝昌（今湖北省孝感市）人，顺治十四年（1658年）中的进士，一直以来仕途进步不大。顺治十六年（1660年），他被授翰林院检讨。康熙四年，补弘文院侍读。总地来讲是一个书生，熊赐履没想到，他的命运在两年后遇到了一个坎儿。康熙六年（1667年），皇帝下诏求言。这其实是新官上任三把火的意思。康熙在这一年刚刚亲政，下诏求言是例行动作。百官们感慨于鳌拜专权，多沉默不语，只有熊赐履洋洋洒洒上万言疏，对四大辅臣推行的种种政策提出尖锐批评，称朝廷重大失误有四个方面：一是政事纷更，法制未定；二是职业堕废，士气日靡；三是学校荒废，文教日衰；四是奢侈成风，礼制日坏。虽然熊赐履在疏中没有直指鳌拜的名字，而用四大辅臣一笔带过，但鳌拜却跳出来对号入座了。他上奏康熙欲以妄言罪惩处熊赐履。康熙有心保护熊赐履，含含糊糊道："他自言国家大事，与你何干！"但熊赐履到底是不识时务的书生。虽然皇帝为他开脱，他仍在次年继续上疏称：朝廷积弊未去，国计隐忧可虑。这下鳌拜怒了，他指责熊不能指到实处，妄行冒奏，令下部议处，降二级调用——虽然熊赐履响应朝廷的号召，说了一些忧国忧民的话，却到底得罪鳌拜，遭到暗算。这还是在没有指名道姓的情况下发生的，现如今索额图和康熙策划倒鳌行动，事情成功便罢，一旦失败，恐怕不仅仅是丢官的后果。苏克萨哈是怎么死的？前车之鉴啊……索额图的恐惧感可以说正源于此。

　　但仕途中人索额图却不能不参与到这个行动中来。为什么呢？原因有两个：一是他是索尼的儿子，和皇帝是利益共同体。索尼出身赫舍里氏，是满洲正黄旗人，封一等公爵，另外，索尼的孙女赫舍里氏（索尼长子噶布喇的二女儿）在康熙四年（1665年）被太皇太后挑中，册立为皇后。在这个意义上说，索额图是康熙孝诚仁皇后的叔父。索尼去世后，索额图继承其职位和爵位。正所谓皇恩浩荡，他和皇帝不结成利益共同体都不行。二是鳌拜对索尼家族的态度决定了索额图别无选择。由于四辅政大臣中鳌拜位居末位，必然会与首辅索尼产生冲突。最初，索尼以年老多病为由，经常不入朝议政，以免与鳌拜发生正面冲突。而太皇太后（孝庄）之所以一改太宗、世祖两朝均在蒙古科尔沁博尔济吉特氏家族中择后的传统，册立索尼孙女赫舍里氏为皇后，其目的就是要笼络索尼父子，如此才能遏制鳌拜。而索尼去世之前力推康熙亲政，无疑与鳌拜再结梁子，导致索额图再无与鳌拜转圜的空间。尽管年幼的康熙与鳌拜对决风险重重，胜负未卜，毂中人索额图也只能将身家性命压上，以图一搏了。

计划看上去是周详的。行动之前，康熙不动声色地将鳌拜的亲信派往各地，随后又让自己的亲信掌握了京师的卫戍权。行动当天，索额图奉命在武英殿门外站岗，并且想办法收缴鳌拜随身佩带的武器。行动之时，十几名训练好的布库少年暗藏于武英殿内，伺机采取行动。这个擒鳌行动表面上看无懈可击，但实际上多有漏洞。一是，鳌拜随身佩带的武器能否顺利收缴？二是，鳌拜是只身前来还是有卫队跟随，情况并不掌握。虽然作为晋见制度，大臣面见皇上需独身、徒手、静候，待召方可入见，但鳌拜不是别人，我行我素惯了，索额图虽然在行动当天，奉命在武英殿门外站岗，可如何应对突发情况，却没有什么预案；三是，十几名布库少年暗藏于武英殿内伺机采取行动虽然有以多博少的优势，但这些少年没有实战经验，如何对付武功高强、身经百战的鳌拜可能发动的报复式袭击，实在是胜算不大。这是一次充满悬念的暗杀行动，胜负随时可能易手。三十三岁的一等侍卫索额图在康熙八年（1669年）五月十六这一天手心之所以出汗，的确有其道理。

不过对鳌拜来说，他在康熙八年（1669年）五月十六这一天之所以败，其实不是败在索额图手里，也不是败在十几名布库少年手上，而是败给了一把椅子和一只茶杯上。先说椅子，鳌拜所坐的椅子，右上角的腿是锯断又简单黏合的。这里头其实有妙用。妙用是和茶杯联系在一起的。鳌拜那天所用的茶杯，是在开水中煮了一个多时辰的茶杯，烫得根本握不住。皇帝赐茶、侍卫奉茶、鳌拜端茶烫得左右倒手之际，他所坐的外强中干的椅子也就轰然倾倒了。十几名布库少年一拥而上，乱拳打倒老师傅，一代枭雄也就束手就擒了。当时人在现场看到这一幕的索额图，心里大概是很欢喜的——这鳌拜到底败给了自己的大意——过索额图的"安检"时，他大大咧咧地交出了随身的佩剑。武英殿上皇帝赐座时，鳌拜毫无疑心就坐在了那张经过改装的椅子上。接下来的剧情就没什么悬念了，一如索额图和康熙事先设计的"请君入瓮"那样。而鳌拜束手就擒的那一刻，对索额图来说，意味着其仕途曲线的逆转。索额图先是被授为国史院大学士。康熙九年（1670年）十月，他擢升为保和殿大学士，任纂修《清世祖实录》总裁官，康熙十一年，索额图加太子太保。总之，在鳌拜倒台后的两三年时间里，索额图平步青云，从一个侍卫一跃而为相国，人称索相。

但索额图的相国位置却只坐了十年。到康熙十九年（1680年）八月，他就离任了。那么这期间到底发生了什么让这个天子骄臣盛极而衰呢？

立场问题

　　索额图在三藩问题上没有与康熙保持一致态度可以说是其重大失误。康熙曾不止一次说："朕自少时以三藩势焰日炽，不可不撤。""朕以三藩俱握兵柄，恐日久滋蔓，酿成不测，故决意回。"为了表明解决三藩问题的决心，年少的康熙将三藩及河务、漕运三大事书写在宫中石柱上自励。索额图作为康熙近臣，又是其多年的追随者，对皇帝心迹当了如指掌。但康熙十二年(1673年)，皇帝借尚可喜因年老请求归置辽东之际下决心撤藩之时，索额图却表示反对。在廷议中，兵部尚书明珠以及户部尚书米思翰、刑部尚书莫洛等都赞成康熙的态度，请求撤藩，但索额图却站出来反对说，吴三桂、耿精忠上书请撤藩，是试探皇帝旨意，并非真心实意想撤。当前情势下，撤藩势必引发激变，索额图大声疾呼："请诛倡盲诸臣，以谢三桂。"

　　这是历史激变的时刻。在三藩问题上，朝廷中有些人吓得惊慌失措。所谓"诸臣中有一闻变，便遣妻子回原籍者"，但究其实，这是索额图和明珠的仕途对决。明珠和索额图一样，也是康熙朝最重要的大臣之一。他在顺治时初任侍卫，康熙三年（1664年）升为内务府总管大臣，"掌内务政令，供御诸职，靡所不综"，成为宫廷事务的最高长官。康熙五年（1666年），任内弘文院学士，参与国政。康熙七年（1668年），任刑部尚书。康熙九年（1670年），改任都察院左都御史。康熙十年，调为兵部尚书。应该说和索额图一样，明珠也是个火箭式上升的干部。两人走到康熙十二年(1673年)的时间节点上，谁若想再进一层，只能押宝在三藩问题上。

但索额图到底不明白，他一开始就输了。撤三藩其实不是朝廷的能力问题，而是做臣子的态度问题。因为撤三藩若引发战争，朝廷胜了，索额图没有半点好处；朝廷若败了，康熙也不会惩罚明珠等人；否则，就是打自己的嘴巴了。所以在这个问题上能不能与最高领袖保持一致，是索额图能否在仕途上继续走下去的关键。尽管他大声疾呼要"请诛倡盲诸臣"，康熙却还是态度坚决："欲迁徙吴三桂者朕之意也，他人何涉？"《康熙起居注》随后记载说，索额图闻此言，"甚惧而退"。

不过索额图很快就明白了自己的政治立场有问题，并且快速进行补救。康熙执意撤藩后，吴三桂、耿精忠等三藩一如索额图所料相继叛乱了，天下形势岌岌可危。索额图此时不仅没有幸灾乐祸，反而忧国忧民，积极出谋划策，帮皇帝出主意。《啸亭杂录》记载说："索（额图）相当权时，多谋略，三逆叛时，公料理军书，调度将帅，皆中肯要。"正是因为索额图将功补过，康熙才没有在三藩之乱平定后继续追究他的问题，尽管他也逞口舌之快，说"吴逆倡乱，有谓撤藩所致，请诛建议之人者，朕若从之，皆含冤泉壤矣"，但说归说，对索额图的信任康熙还是没有改变。比如他因病不能御门听政时，就下旨"启奏本章俱送大学士索额图等"，以示尊重。

只是历史多看点。接下来，朋党之争让索额图的仕途再陷困境。朋党之争在索额图和明珠之间展开。明珠因主张撤藩有功，康熙十六年（1677年），被授为武英殿大学士，入阁办事。明珠是皇长子胤禔的舅舅，便在幕后帮助胤禔拉拢大学士余国柱等重臣，从而成为"长子党"的核心人物。而孝诚仁皇后在康熙十三年生太子允礽，索额图由此成为太子外叔祖父，他与明珠两人同为皇亲国戚，同柄朝政，各结党羽，从而给康熙增添新的烦恼。康熙十六年（1677年）七月二十九，康熙在乾清门召见索额图，对他意味深长地说："人臣服官，惟当一意奉公。如若分立门户，私植党羽，始则蠹国害政，终必祸及身家。历观前代，莫不皆然。"这是严重的口头警告了。对于这样的口头警告，索额图其实是存在侥幸心理的。毕竟他是太子外叔祖父，皇帝要动他，还是要有所顾忌的。

索额图一如既往地自恃尊贵，与内阁学士兼礼部侍郎李光地结盟，与明珠死磕。明珠则"轻财好施，以招来新进，异己者以阴谋诡之，与徐乾学相结"。徐乾学时为日讲起居注官，是朋党之争中的知名人物。由此索额图和明珠的朋党之争动静越来越大，导致两年之后康熙不得不再次出手。康熙十八年（1679年）七月二十八，京师发生强烈地震。刑部尚书魏象枢上疏弹劾大学士索额图、明珠各立私党，揽权贪纵，陷害异己等罪状，言词激烈，声泪俱下。第二天，康熙御书"节制谨度"赐索额图。个中意味不言自明。康熙称"尔等（索额图和明珠）自被任以来，家资颇已饶裕……今见所行，愈加贪黩，习以为常"，康熙并指"吴三桂之乱，索额图时参谋议，从未发一善策"，并警告"国法俱在，决不宽贷"。

索额图也知趣，在闭门思过了差不多一年后，于次年(康熙十九年)八月以病请求解任。索额图这一招其实是投石问路。觉得自己闭门思过了这么长时间，皇帝的心气也该消了，以病请求解任，目的还在于康熙能够挽留自己，以便在仕途之路上继续走下去，走得更好。但康熙的态度却很令人费解。他一方面优旨褒称索额图："卿辅弼重臣，勤敏练达，自用兵以来，翼赞筹画，克合机宜。"另一方面命其在内大臣处上朝。仕途达人索额图明白，皇帝到底还是疏远了他。随后，由于索额图在处理自己两个弟弟的问题上，又有徇私之嫌，导致康熙二十二年（1683年），皇帝痛下决心，彻底处理索额图。这年三月，康熙指责索额图有三大罪：其一，索额图之弟心裕素行懒惰，屡次空班，皇帝交给索额图议处，索额图从轻处置，只罚俸一年。其二，索额图之弟法保懒惰，被革去内大臣职务，随旗行走，但仍不思效力赎罪，在外校射为乐，索额图未能尽教训之责。其三，索额图自恃巨富，日益骄纵。康熙并且认为"索额图巨富，通国莫及。朕以其骄纵，时加戒饬，并不悛改，在朝诸大臣，无不惧之者"。命严加议处。议处的结果是革索额图议政大臣、内大臣、太子太傅之职，不过仍任佐领。

这一年索额图四十七岁，可以说跌入了仕途生涯的最低点。由于康熙对其用语严厉，处置坚决，没有人看好他还能东山再起。但谁都没想到，这个男人会在三年后的知天命之年东山再起，任领侍卫内大臣，再次笑傲权力江湖。

毫无疑问，仕途的玄妙之处在索额图身上得到了充分体现。

在危险的道路上狂奔

在索额图接下来的仕途中，他不是一个人在行走。与他始终纠结而行的那个人不是别人，正是明珠。康熙二十七年（1688年），明珠大学士的职务被革去，他的追随者余国柱、科尔坤、佛伦等也被革职。但两年之后，在征战噶尔丹的战斗中，明珠又被起用，参赞军务；康熙三十五年、三十六年，在康熙本人两次亲征噶尔丹，明珠随军督运粮饷，并且因功官复原职。这其实是康熙的心机之所在。对明珠打而不死，以此为牵制索额图的锐器。因为索额图复出之后，特别是看到明珠在康熙二十七年被革去大学士的职务后，以为从此权柄独掌，行事做派愈加张扬。如在制定太子仪制的时候，索额图授意太子的衣物一律使用黄色，并将其规格大大抬高——百官需对其朝贺，行二跪六叩礼。索额图甚至规定出巡时，地方官在朝见皇帝后，还要朝见皇太子，并向皇太子进献礼物等。虽然康熙皇帝大为不阅地说："太子所用的仪仗等物，太为过制，与朕所用相同。"但索额图对此话置若罔闻。他的追随者也唯其马首是瞻。礼部尚书沙穆哈为了讨好太子，认为皇太子的拜褥应像皇帝一样，要放置在殿门内，康熙坚持要放在殿门外。争执未果，沙穆哈建议康熙把这条谕旨记入档案，留给后人一观。其险恶用心，可以说不言自明；另外，内务府所属的一些不知天高地厚的低级官员私自到跑到皇太子处窃窃私语，也让康熙皇帝心生警觉——这背后一定有一个推手存在。正是为了保持对索额图的高压姿态，康熙才重新起用明珠。只是索额图对这一层心机并不明了，一味在危险的道路上狂奔不已。

康熙三十五年（1696年），发生在亲征噶尔丹战场上的一件事让皇帝对索额图多了一些厌恶。当时随军的索额图听信噶尔丹散布的谣言，以为会有六万俄罗斯军队前来增援噶尔丹，为了自身安全，他紧急建议康熙所在的中路军脱身而回，任由大将费扬古、孙思克所率的西路军孤军作战。结果康熙回銮后，传说中的六万俄罗斯军队并没有前来增援噶尔丹，只留下西路军血战迎敌——皇帝的退兵之举因此成了一个笑话、一场耻辱。提及此事，康熙激愤得泪流满面，称："朕一意前进，以剿灭噶尔丹为念。不知索额图等视朕为何如人也！今朕失约即返，则西路之兵不可问矣！"因此，索额图在他心目中的重要性骤减。

康熙四十年(1701年)九月，圣眷不再的索额图借口年老乞休，并很快得到批准。但此公的悲剧在于退而不休，继续成为太子党的核心人物。在他身边，阿迷达、麻尔图、额库里、温待、邵甘、佟宝等一批老且怀怨之人为其呐喊助威。康熙在当时对这个情况应该说是掌握的。因为在索额图事败后，他就公开称："温待、额库礼，俱犯重罪流徙之人，因其年老，令回京师。伊等应安静以养余年。伊乃与索额图结党，妄论国事，妄自犯尤。"从这一点可以看出，在皇帝眼中，索额图就是太子党的核心人物。更要命的是太子的变化让他忧心忡忡。他不仅殴打平郡王纳尔苏、贝勒海善、公普奇等高官，后来竟然发展到在康熙面前也敢辱骂大臣，俨然以皇帝自居了。康熙穷根究底，对索额图愈加不满了。

康熙四十一年(1702年)的德州事件成为索额图仕途乃至人生的最后拐点。这一年十月，皇太子在随驾康熙南巡时病倒。至德州，病重不能行。康熙意味深长地从京师召来索额图，令他在德州陪侍太子。这实际上是一种暗中观察，看看索额图和太子间究竟有没有密谋。一般来说，作为仕途中人，是很忌讳和敏感人士单独接触的。索额图此时应该避嫌，尽量减少与太子接触，韬光养晦以自保。但遗憾的是，他并没有这样做。相反地，索额图行事高调，乘马至太子住所中门方下（论法此行为当是死罪），但太子却不以为意。甚至在德州，太子所用之物都是黄色，规格也差不多与皇帝同——索额图不明白，皇帝此时正派人密查他——诚如康熙后来所的说"朕皆访知"，他的被抓，至此只是时间问题。

康熙四十二年（1703年）五月，索额图被康熙派出的侍卫海青所抓，在五月十八颁发的上谕中，康熙措辞严厉地称："观索额图，并无退悔之意，背后怨尤，议论国事，伊之党内，朕皆访知……伊等结党议论国事，威吓众人。且索额图施威恐吓，举国之人，尽惧索额图乎……伊等之党，俱属利口，愚昧无知之徒，被伊等恐吓，遂极畏惧。果至可杀之时，索额图能杀人或被人杀俱未可料，虽口称杀人，被杀者谁乎？至于索额图之党，汉官亦多，朕若尽指出，俱至族灭。" 康熙这样的上谕，可以说句句置人于死地。索额图这一回也的确在劫难逃了。他先是被交宗人府拘禁，随后在七月初被处死，两个儿子格尔芬、阿尔吉善也相继被处死。索额图同党多被杀、拘禁或流放，其同祖子孙皆被革职。一个始荣终败的故事至此落下帷幕。

第 13 章

张廷玉：仕途大佬的最后悬念

起点很高

康熙三十九年（1700年），帝国官场依旧纷纷扰扰，不得安宁。三月初三，朝廷对陕西官员贪污赈银窝案宣布处理决定：对涉嫌贪污的原同州同知蔺佳选、蒲城知县王宗旦处斩监侯——即死刑、缓期执行的意思；涉案的原朝邑知县姚士塾、原华州知州王建中因已病故，免于刑事处罚，但所贪污赈银需如数追还；原川陕总督吴赫因侵蚀赈银四十余万两，被议罪革职；其他相关涉案官员也分别给予相应处分。陕西官员在此次窝案中虽然贪污的救济款不是特别巨大，但造成的影响极其恶劣——一批正县级以上官员包括正厅级乃至省部级高官均参与其中，上下联手，导致当地百姓无钱购买种子不能耕种，最后颗粒无收。如果不是咸阳百姓张拱等冒死上访，康熙派出刑部尚书傅塔腊、江南江西总督张鹏翮彻查此案，这层层黑幕不知何日才能揭开。而皇帝对此案件也感触颇深。

他在随后举行的一次中央全会上对大学士等高级官员讲，自古帝王用人行政，皆赖大臣荐举贤良。但是，大臣荐举有时也会有看不准之处，有的开始贤良而后又发生了变化。从今以后，朕只看居官操守是否清廉为主要根据，决定他的提拔与黜免。

此前一年即康熙三十八年（1699年），顺天发生了乡试舞弊案。有落榜考生贴出大字报，称此次乡试没有坚持公平、公正、公开的原则，官二代特别是数十位朝廷大臣的孩子不管文章写得好坏，全都录取。大字报甚至实名举报大学士王熙、李天馥、尚书熊一潇、左都御史蒋宏道、湖广巡抚年遐龄等官员的子孙上榜都存在黑色交易，并将矛头直指此次乡试的正副考官——修撰李蟠、编修姜宸英，称"老姜全无辣气，小李大有甜头"，都是问题官员。在那个年代，大字报其实很像当下的网帖，多危言耸听，要的就是关注度，提过也就罢了。但是谁都没想到，十一月初三，江南道御史鹿祐上疏弹劾李蟠、姜宸英二人存在受贿嫌疑，必须接受调查。第二年也就是康熙三十九年（1700年）正月二十八，皇帝借顺天科场复试之机下旨对李蟠等人严加议处。随后，原主考官李蟠遭戍关外，姜宸英被关押，紧接着病死狱中。康熙在总结此次乡试舞弊案时心情沉重地说，"这次科考的确不公允，考官等人也太懦弱。朕认为，什么事都应合情合理。即使是宗室大臣的孩子，也不应徇情"。

总之，康熙三十九年（1700年）的帝国官场一如以往那般纷纷扰扰，你方唱罢我登场。有人人头落地，当然也有人飞黄腾达。而正是后者，引得无数人对此趋之若鹜。这一年，二十八岁的安徽桐城人张廷玉高中进士，开始担任庶吉士的职位。这庶吉士是个什么官呢？准确地说它还不是个官职，因为不掌握什么权力。它只是翰林院内的见习生或研究生。由科举进士中有潜质者担任。科举进士一甲者直接授予翰林修撰、编修。朝廷只在二甲、三甲中，选择年轻而才华出众者入翰林院任庶吉士。庶吉士一般要在翰林院内学习三年时间。三年后，成绩优异者留任翰林，授编修或检讨，正式成为翰林。成绩一般的则被派往六部任主事、御史；当然也有派到各地方去任官的。总之，出路都还不错。所以明清有"非进士不入翰林，非翰林不入内阁"的说法。甚至称庶吉士为"储相"，凡是成为庶吉士的人都有机会平步青云。

先介绍一下张廷玉的家庭背景。父亲张英是康熙六年（1667年）进士，先是入选庶吉士，三年后因为成绩优异授编修，担任日讲起居注官，成为皇帝的高级秘书。像御门听政、朝会宴享、大祭祀、大典礼、每年勾决重囚及常朝等大事件，他都直接参与记录，后官至文华殿大学士兼礼部尚书。康熙十六年（1677年），张英入直南书房，史载"每从帝行，一时制诰，多出其手"。可见是很受重用的。张英的仕途履历应该说应验了"非翰林不入内阁"的说法。那么，类似的情况会在张廷玉身上发生呢？

如果站在大家族的背景下看张廷玉入仕，我们不得不承认他的起点是相当高的。或者将话说得更直白一些：张廷玉是一个不折不扣的官二代，且祖父辈多为高官。太祖父张淳为明陕西布政使；曾祖父张士维官至中宪大夫、抚州知府；曾叔父张秉文官至山东左布政使；曾叔父张秉贞官至兵部尚书；父亲张英的情况上文已经说了，官至文华殿大学士兼礼部尚书。在张廷玉的祖父辈中，只有祖父张秉彝的情况差一些，仅为贡生。其他的都是进士出身，最后也都混到省部级高官。所以，要是不出意外的话，张廷玉的情况也不会差到哪里去。

一帆风顺

此后，张廷玉的仕途果然一帆风顺。在康熙时代，他先后担任检讨、直南书房、洗马、侍讲学士、内阁学士、刑部侍郎、吏部侍郎等职。雍正元年时，张廷玉升礼部尚书，次年转户部尚书、翰林院掌院学士、国史馆总裁、太子太保，并复直南书房。雍正三年，他署大学士事。雍正四年（1726年），晋文渊阁大学士、户部尚书、翰林院掌院学士，并兼充《康熙实录》总裁官。雍正六年（1728年），张廷玉转保和殿大学士兼吏部尚书。雍正七年（1729年），加少保衔。

最为难得的是，张廷玉是有清一代汉大臣中配享太庙第一人，也是唯一的一位。那么，什么叫配享太庙呢？雍正皇帝遗诏——张廷玉死后其神位可以安放在太庙的前殿西庑，接受此后历代皇帝每年一次的祭祀。这在大清王朝的历史上，可谓空前绝后之举。在这一点上，张廷玉可以说超过了他的父亲张英。其实，张英也是深谙仕途个中滋味的。张英为官低调，谨慎自谦。座右铭是"读不尽架上古书，却要时时努力；做不尽世间好事，必须刻刻存心"。《清史稿》称"（张）英性和易，不务表襮，有所荐举，终不使其人知。所居无赫赫名"。在民间广为流传的张英"六尺巷"故事，反映了张英的这一性格特点。据说有一次张英老家人与邻居争地，双方僵持不下。老家亲人寄信给他，希望凭借权势压倒对方。张英回信称："千里捎书为一墙，让他三尺又何妨？长城万里今犹在，不见当年秦始皇！"张家人得信后，主动后退三尺，邻居吴氏也大受感动，同时后退三尺，最后留下"六尺巷"的美谈。康熙皇帝因此对张英很看好，称："张英始终敬慎，有古大臣风。"张英因病退休后，康熙还对他念兹在兹。康熙四十四年（1705年）和四十六年（1707年），康熙两次南巡，都召张英迎驾，赐御书榜额，一路君臣相知至江宁。张英死后，谥文端，雍正时赠太傅。可谓极尽哀荣。

张廷玉的仕途作风酷似其父，甚至在某一方面来说，青出于蓝而胜于蓝。他信奉"万言万当，不如一默"的人生格言，凡事注重细节，少说多做。每次蒙皇上召对，从不泄露所谈内容，也不留片稿于家中。帝国正县级以上官员的履历他无不知晓，甚至县衙门里胥吏的名字他也随口道来。张廷玉业务纯熟，慎始敬终，和父亲一样"有古大臣风"。雍正十一年(1733年)，他的长子张若霭高中一甲三名探花，张廷玉闻知后不是心花怒放，反而"惊惧失措"，立刻求见雍正，"免冠叩首"，认为自己儿子还年轻，登上一甲三名，是祸不是福，恳请将其改为二甲一名。其言辞恳切，让皇帝颇为动容。

其实，张廷玉的低调还体现在不做大事，专做小事上。虽然雍正朝的每一项重要决策他都参与过，但张却不揽功。虽然有人因此误解他，称"如张文和(张廷玉)之察弊，亦中人之才所易及。乃画喏坐啸，目击狐鼠之横行，而噤不一语"。但皇帝却很喜欢这样的性格。张廷玉有一次生病数日，病后回去上班，雍正皇帝很高兴地告诉身边近侍说："朕股肱不快，数日始愈。"一些大臣以为是皇帝龙体欠安，争相前来问安。雍正却对他们说："张廷玉有疾，岂非朕股肱耶？"由此可见张在皇帝心目中的地位。

雍正视张廷玉如股肱，要事秘事就专门交代他去办理。雍正事后对他人说："彼时在朝臣中只此一人。"为了防止张廷玉因为经济原因不小心犯错误，雍正专门对他实施高薪养廉。经常赏其万两白银，甚至将一个本银三万五千两的颇具规模的当铺赏给张廷玉去经营，为其捞外快之用。对于皇帝的格外恩赐，张廷玉诚惶诚恐，不敢接受。雍正就反问他："汝非大臣中第一宣力者乎！"以此逼他接受。

　　应该说作为仕途中人，在处理君臣关系上，张廷玉做得算是如鱼得水了。康熙、雍正和乾隆，这三朝皇帝都对他十分赏识。康熙令他入直南书房，提拔他做副部级的礼部侍郎。雍正更是对张廷玉赏识有加，提拔他做大学士、首席军机大臣，兼管吏、户两部。张廷玉有次回家省亲，雍正写信给他："朕即位十一年来，朝廷之上近亲大臣中，只和你一天也没有分离过。我和你义固君臣，情同密友。如今相隔月余，未免每每思念。"（见《张廷玉年谱》）足以见得这份情感已经远超君臣关系了。至于乾隆，特封他为三等伯爵，开了有清一代文臣封伯的先例。乾隆甚至在一首诗中把张廷玉比作周宣王时的贤臣仲山甫和宋朝名臣文彦博与吕端，将其奉为汉臣之首，对他可谓推崇备至。

不能言去

一切都在走向花好月圆。张廷玉的仕途人生似乎功德圆满，起码不逊于其父张英，看起来可得一个善终。但是乾隆十一年，一丝异动悄然呈现。这一年张廷玉七十四岁，皇帝以他年逾古稀为由，口气婉转地告诉他不必每日早朝，特别是遇到天热或刮风下雨的情况，可以不必入内，在家办公就可以了。一般情况下，这应视作是皇帝对老臣的厚爱，但张廷玉发现，事情不是那么简单。因为他的内阁首辅位置被保和殿大学士兼吏部尚书、军机大臣讷亲取代了。讷亲是满洲镶黄旗人，钮祜禄·额亦都之曾孙。钮祜禄·额亦都可是赫赫有名的人物。他是后金开国五大臣之首（其余四人分别为何和礼、费英东、安费扬古和扈尔汉）、康熙朝重臣遏必隆的父亲，清太祖努尔哈赤和额亦都是好友。睿亲王多尔衮曾是其部下。讷亲拥有如此显赫的身世，仕途前景一片看好。雍正时他袭公爵，授散秩大臣。乾隆即位，授他镶白旗满洲都统、领侍卫内大臣、协办总理事务、进封一等公爵。此番任他为内阁首辅，明摆着是加以重用的信号。因为紧接着，讷亲又成为首席军机大臣。一个年轻干部如此火箭式的提拔速度，张廷玉仕途浮沉几十年，当然是心知肚明。他马上上疏，请求辞去他兼管的吏部事务的职务。也就是说，人事的位置他也让出来好了，真可谓急流勇退。但耐人寻味的是，皇帝并没有批准张廷玉的请辞报告。

这个时候，都察院左都御史刘统勋上奏，称安徽桐城张氏家族在朝为官者有十九人之多，张氏的姻亲桐城姚氏也有子弟十人在朝为官。张廷玉作为康雍乾三朝老臣，特别是雍正皇帝遗诏身后配享太庙的顾命大臣，"遭逢极盛，然而晚节当慎"。因此，刘统勋建议皇帝在三年之内将张氏亲属子弟"概停升转"，以"保全"三朝老臣的清誉。

刘统勋是山东诸城人，雍正二年（1724年）中进士，选为庶吉士，步入仕途。由编修入直南书房，后任上书房师傅，官至詹事府詹事。乾隆继位后，升其为内阁学士、刑部左侍郎、左都御史，此次他参奏大学士张廷玉，颇得皇帝内心首肯。乾隆随即发布"上谕"："若张廷玉在皇考时，仅以缮写谕旨为职，此娴于文墨者所优为。自朕御极十五年来，伊则不过旅进旅退，毫无建白，毫无赞勷。朕之姑容，不过因其历任有年，如鼎彝古器，陈设座右而已。"（见《高宗实录》卷三六三）"上谕"如此这般的用语与定性，无疑是对张廷玉政治生涯的全盘否定。

这一年，对张廷玉来说，还发生了一件很不幸的事情。他的长子、内阁学士张若霭生病去世了，白发人送黑发人，张廷玉开始变得步履蹒跚。皇帝似乎动了恻隐之心，以张廷玉入内廷须他人扶掖为由，命他的次子、庶吉士张若澄入直南书房。两年之后的乾隆十三年（1748年），七十六岁的张廷玉以老病为由，第一次向皇帝提出告老还乡。乾隆却是不同意。他对张廷玉说："卿受两朝厚恩，且奉皇考遗命配享太庙，岂有从祀元臣归田终老？"（见《清史稿》，下同）这是要张廷玉鞠躬尽瘁死而后已的意思，应该说"配享太庙"的崇高政治荣誉将张廷玉绑架在祭坛上，再无告老还乡的可能。乾隆的话说得这样重，理由这样明晰，张廷玉作为明白人，正确的做法应该是唯唯诺诺，不再"据理力争"——事实上他也没什么理在手中。但是张廷玉揣摩，皇帝有新陈代谢的需要。既然培植了新人讷亲上位，对他这个仕途老人，大概不再依赖了吧。

所以接下来，他"据理力争"了。张廷玉在皇帝面前直言："宋明配享诸臣亦有乞休得请者。且七十悬车，古今通义。"意思是宋明两朝也有享受配享荣誉的大臣，最后是可以告老还乡的；而且七十岁退休，那是天经地义的。

这话其实很不符合皇帝对张廷玉的要求，他苦心经营多年的形象就此一落千丈。乾隆看张廷玉的眼神都变冷了，开始对他循循善诱，称假如七十岁退休是天经地义的话，那为什么"尚有八十杖朝之典？武侯鞠躬尽瘁，又何为耶"？这是拿诸葛亮的例子要求张廷玉生命不息，工作不止。

皇帝放下架子跟张玩君臣辩论赛，又有成例在手，一般情况下，张廷玉除了弃子认输，收回退休之念外，不可能再有上佳选择。但回乡心切的他并没有就此打住，反而以老迈之躯将辩论赛进行到底。他继续振振有词地说："亮受任军旅，臣幸得优游太平，未可同日而语。"意思是诸葛亮是诸葛亮，我是我。他有不能退的理由，我有到点退休的理由。特别是最后一句"未可同日而语"，很驳皇帝脸面，意思是你引诸葛亮的例子来说服我并不恰当。

毫无疑问，接下来的辩论愈发有火药味了。因为乾隆声色俱厉地质问他："朕为卿思之，不独受皇祖、皇考优渥之恩，不可言去；即以朕十馀年眷待，亦不当言去。朕且不忍令卿去，卿顾能辞朕去耶……为人臣者，设预存此心，必将漠视一切，泛泛如秦、越，年至则奉身以退，谁复出力为国家治事？"乾隆还以皋夔、稷契、龙逄、比干四人不同的遭遇来说明，一个官员不管处境如何，忠诚之心是相同的，这是暗指张廷玉对朝廷并无忠诚之心。话说到这个份儿上，张廷玉也无法再辩，只是"呜咽不能自胜"。告老还乡之念，只得暂时搁置。

皇帝却是盛怒未消。为了处罚张廷玉的不忠之举，他接下来做了两件事：一是"命举所谕宣告朝列"，将君臣间的这一番争论公布于朝野，让大家都来看看张廷玉的真面目；二是趁势解除了张廷玉的职位，但并不允许他退休，还得经常入内廷点卯上班。如此处境之下，张廷玉的日子越发难过了。毕竟快八十岁的人了，精力大不如从前，不管事却还要上班，内心的空虚感真是难以言说。其实早在乾隆三年（1738年），张廷玉就曾对皇帝说："今犬马之齿六十有七，自觉精神思虑迥不如前，事多遗忘，食眠渐少。"现在差不多十年时间过去了，张廷玉的身体更是每况愈下，体力不支，但事情又要做，出差错的情况也就在所难免了。

一只被猫反复戏弄的老鼠

　　乾隆十三年（1748年）对乾隆皇帝来说是个怒气冲天的一年。这一年，乾隆东巡，皇后富察氏随行。但很不幸的是在回銮至德州时落水而亡。为表达哀思，皇帝将丧葬典礼办得极为隆重。在皇后丧葬期间，乾隆愤怒地发现，湖广总督塞楞额、知府金文醇、江南总河周学健、湖广巡抚彭树葵擅自剃头了——按满族旧习，帝后之丧，官员们在一百天内不能剃发，以示伤心过度，无法顾及自己的仪表，否则就是大不敬。皇帝盛怒之下，将此四人或处斩，或革职。

　　这一年被处斩的人还包括浙江巡抚常安，他因为贪污公款被判处绞监候，秋后处决。当然腐败年年有，皇帝对常安这事还不是很上心的，最令他恼怒的是自己培养的接班人、赴川督师的经略大臣讷亲和川陕总督张广泗在金川用兵中，因为指挥无方，前后贻误，导致兵败大溃退的局面。乾隆认为此二人大丢朝廷脸面，于九月，将他俩革职，于十二月，处斩。

　　一片秋风肃杀中，垂垂老矣的张廷玉不敢稍作异动，以免惹祸上身。但人算不如天算。该来的还是来了。同年九月，皇家出版社——文颖馆修成《御制诗集》，进呈御览。乾隆在翻阅时发现其中有错别字，不禁勃然大怒，下令将大学士、文颖馆总裁官张廷玉等三人"交部议处"。虽然处分不是很重，但张廷玉已感到丝丝凉意。到年底，翰林院在为去世不久的孝贤皇后写祭文时因为用语不够"尊贵"，乾隆下令将管理翰林院的张廷玉等官员罚俸一年，以示警戒。这让张廷玉觉得必须速速离开这个是非之地，否则，很有可能像讷亲那样命丧黄泉。

乾隆十四年（1349年）正月，张廷玉再次上奏："受上恩不敢言去，私意原得暂归。后年，上南巡，当於江宁迎驾。"这其实是告老还乡的意思，但张廷玉将话说得很委婉，皇帝见其风烛残年，恻隐之心遂起，就批准他致仕，让他在来年春天再回老家。但张廷玉此时却犯下一个严重错误，怕回去之后配享太庙的政治待遇被取消，为身后计，竟然开口让皇帝写下一纸凭信，以为永不反悔的依据。乾隆勉强同意了。按说事情进行到此，似乎也还算顺利。虽然不再有君臣相知，但也不至于君臣相猜，一拍两散，是谓友好分手。要命的是第二天，一纸凭信在手的张廷玉没有亲自到宫门去谢恩，仅仅让他的小儿子张若澄代为谢恩。皇帝由此大不满，"降旨切责"，称张廷玉急于求归，是"恝然置君臣大义于不问"。"夫张廷玉之罪，固在于不亲至谢恩，尤在于面请配享"，君臣之间最后一层温情脉脉的面纱被扯下，张廷玉的真实面目在皇帝的声色俱厉之下被层层揭发。他辩无可辩，也不敢辩，回奏称："臣福薄神迷，事皆错谬，致干严谴，请交部严加议处。"一个老臣的苍凉处境，跃然纸上。

皇帝却继续戏弄他，称："太庙配享，皆佐命元勋，张廷玉有何功绩勋猷而与之比肩乎……"意思是张廷玉其实不配享太庙，但紧接着乾隆话锋一转，称"张廷玉忍于负朕，朕不忍负张廷玉。朕之许张廷玉予告，原系优老特恩，明谕甫降，朕不食言。其大学士由皇考时简用，至今二十余年，朕亦不忍加之削夺。配享，恭奉皇考遗诏，朕终不忍罢斥。至于伯爵，则朕所特加，今彼既不知朕，而朕仍令带归田里，且将来或又贪得无厌，以致求予其子者皆所必有，朕亦何能曲从至是。着削去伯爵，以大学士原衔休致，身后仍准配享太庙"。乾隆话里话外，藐视、鄙视的意思倍显，颇有施舍给乞丐一样东西——东西是给你了，但羞辱也如影随形。可怜张廷玉作为三朝老臣，为了配享太庙一事，终究颜面丢尽。

但世上的事多一波三折。张廷玉在次年春天准备告老还乡之时，他眼看到手的配享太庙的待遇又不翼而飞了。乾隆十五年（1350年）三月，皇帝长子永璜去世了。作为永璜曾经的师傅，张廷玉虽然参加了丧礼，只是他归心似箭，表情也不那么哀伤。这一切皇帝都看在眼里。乾隆碍于丧礼期间，隐而不发。但张廷玉在初祭过后，竟匆匆忙忙地上疏请辞，准备南归，这让皇帝勃然大怒。他下旨称张廷玉毫无忠心，不够配享资格。又将太庙里配享诸臣的名录扔给张廷玉，让他从中一一对照，自我审查"应否配享。"

这实在是一大羞辱。张廷玉老泪纵横，只得回奏称："臣老耄神昏，不自度量，于太庙配享大典，妄行陈奏……念臣既无开疆汗马之力，又无经国赞襄之益，纵身后忝邀俎豆，死而有知，益当增愧。况臣年衰识瞀，衍咎日滋世宗宪皇帝在天之灵，鉴臣如此负恩，必加严谴，岂容更侍庙廷？敢恳明示廷臣，罢臣配享，并治臣罪，庶大典不致滥邀，臣亦得安愚分。"

皇帝因势利导，让大学士九卿开会议决此事，最后做出了罢免张廷玉配享资格的决定。配享资格得而复失的张廷玉，惆怅回乡。

屋漏偏逢连夜雨。惆怅回乡的张廷玉又遭遇到一件倒霉事。他的亲家、四川学政朱荃被人参奏隐瞒母丧消息，"匿丧赶考"，目的仅仅是为了挣点"考试补贴"，在当时看来此为大不孝之举。此案本与张廷玉无关，但余怒未消的乾隆皇帝还是将他牵连了进来，认为"张廷玉深负三朝眷注之恩……岂容其冒叨宠赍。所有历来承受恩赐御笔、书籍，及寻常赍赏物件，俱着追缴。"他下令尽缴历年颁赐给张廷玉的诸物。乾隆十五年（1350年）八月，皇帝命钦差大臣德保查抄张廷玉在京住宅。抄家之后，虽然没有被抓住什么把柄，但张廷玉已然是惊弓之鸟了。他惶惶然上奏称："臣负罪滋深，天褫其魄，行事颠倒。自与朱荃结亲以至今日，如在梦昧之中，并无知觉。今伏读上谕，如梦方醒，恐惧惊惶，愧悔欲死，复有何言？乞将臣严加治罪。"

乾隆由此又猫戏老鼠一般，将张廷玉大大羞辱了一番，称"张廷玉忍于负朕，自所应得，而朕心仍有所不忍，着从宽免其革职治罪，以示朕始终矜宥之意"。这一年，张廷玉已经是一个八十岁的老人了。名誉扫地，一无所有，成为那个时代权力场上的最大失败者。

乾隆二十年（1755年），在被抄家五年后，惶惶不可终日的张廷玉去世了。游戏玩够了的皇帝下旨：张廷玉以大学士衔休致，仍令配享太庙。只是这一切哀荣，曾为之念兹在兹一辈子的张廷玉并不知晓。或许知晓了也没什么意义吧，因为仕途中人，一切都已淡然，得之失之，实在不是当事人自己可以掌控的。

第14章

和珅：命运的宠儿与弃儿

说什么话最重要

　　乾隆二十四年（1759年），刚满十岁的和珅突然发现自己的命运变得非常凄惨。这一年时任福建副都统的父亲常保不幸染病身亡。而早在他三岁时，母亲就因生产弟弟和琳不幸难产去世。和珅至此成了孤儿。虽然此时的他在咸安宫官学就读——这所贵族子弟学校是官二代们镀金的重要阶梯，但对和珅来说，意义却已不大。学费能不能续交其实还是个小问题，问题的关键是父亲的去世让官二代和珅变得不那么名副其实。

　　和珅的父亲常保是福建副都统，同时世袭三等轻车都尉。三等轻车都尉的品级是正三品，相当于都察院左右副都御史、大理寺卿等职，而福建副都统是个正二品的官职，掌握实权。和珅能进咸安宫官学就读，靠的是父亲的关系——八旗子弟人数众多，咸安宫官学名额有限，凭什么是你和珅而不是别人来读啊！显然父亲存在的意义对和珅的人生是个正面的助推力。现在父亲过世了，和珅必须独自一人闯天下。

　　事实上咸安宫官学对和珅的人格养成有决定性作用，比如能忍他人所不能忍、察言观色、睚眦必报以及不甘人下，甚至对财富的过分看重与攫取等，和珅日后的种种性格都可以在这座位于紫禁城内的贵族子弟学校里找到原因——应该说他最初的命运轨迹就是从这里起步的。

但是人脉也很重要。八年之后，从这个学校毕业的和珅与大学士英廉的孙女冯氏成婚，从而为他的仕途之旅打下人脉基础。跟一个大学士的孙女而不是贫下中农的孙女成婚，是和珅逆转命运的关键一步。英廉在乾隆四十二年任协办大学士，四十四年署直隶总督，次年特授汉大学士，时任总管内务府大臣，颇得乾隆皇帝赏识。和珅攀上如此高枝，仕途自然值得期待。

但令人大跌眼镜的是，和珅的"高考"竟然不给力。乾隆三十四年(1769年)己丑年科举，贵族子弟学校出来的和珅名落孙山。他成了无业青年。不过好在这一年，按照大清朝的潜规则，和珅可以子承父业，承袭了高祖尼牙哈纳沿袭下来的三等轻车都尉世职。这其实是个名誉职位，并不表示和珅找到了一份具体的工作。和珅的第一份具体工作在四年后才获得——在英廉的推荐下，和珅做了乾隆皇帝仪仗队的侍从。岗位职称是三等侍卫，供职的部门叫挑补黏竿处，又称上虞备用处，具体来说就是抬轿和举旗杆。

乾隆三十七年（1772年），英俊青年和珅二十三岁。在结婚五年后，无所事事的他终于上班了。事实上这班上得很窝囊。因为清代侍卫等级森严，有乾清门侍卫、銮仪卫侍卫、上驷院侍卫、司罍侍卫、司鞍侍卫、茶膳房侍卫、伞上侍卫、十五善射侍卫、善骑侍卫、善射鹊侍卫、善强弓、善扑侍卫、奏蒙古事侍卫、上虞备用处（黏竿处）侍卫、庵鹐房侍卫、鹐房侍卫和狗房侍卫等。最牛的是御前侍卫、乾清门侍卫，直接在皇帝面前晃悠，换句话说可以和皇帝直接沟通。和珅供职的部门在侍卫中属于三等，基本上和皇帝搭不上话。但英廉给他的建议是，能不能和皇上说话不重要，重要的是在什么时机说什么话。

后来的事实证明，和珅十分得益于英廉的这句话。清人薛福成在《庸庵笔记》中记载：乾隆皇帝某日出宫。起行之际，仓促间找不到仪仗用的黄龙伞盖。乾隆责问："是谁之过欤？"意思是："这是谁的过错？"众侍卫皆惊惧不敢出声。只有和珅应声说道："典守者不得辞其责。"意思是职掌此事的人难辞其咎。和珅此言出自《四书》"岂非典守者之过邪？"一语，他在这里引用，既妥帖自然又暗示其文化修养，再加上和珅风度翩翩，声音清亮，在侍卫中颇有出类拔萃的感觉，由此乾隆皇帝对他刮目相看。

另有一次，乾隆在半路上突然停下轿子，却半天不做任何指示。身边的侍卫皆不得其意，只有和珅赶忙跑到一旁的古董店里买了个瓦盆送进轿子里去——原来乾隆尿急难言，和珅急皇帝之所急，想他人所不能想，再次在庸常人群中引起了乾隆的注意。乾隆四十年（1775年）闰十月，二十六岁的和珅被提升为乾清门侍卫。其侍卫等级靠前了。同年十一月，再升为御前侍卫，并授正蓝旗满洲副都统。可以说在行政职务上，和珅和他的父亲一样做到了副都统，进入了中高级干部的行列。

但是谁都想不到，接下来和珅的升迁速度可谓是无人企及。乾隆四十一年（1776年）正月，皇帝授和珅户部右侍郎。三月，授军机大臣。四月，授总管内务府大臣，为皇帝理财；八月，调镶黄旗满洲副都统。十一月，授国史馆副总裁，赏戴一品朝冠；十二月，兼任总管内务府三旗官兵事务，赐紫禁城内骑马，旗籍抬入正黄旗。一般来说，帝国官员要在六十五岁以上，经个人申请并得到批准后才可享受紫禁城内骑马的待遇，而和珅此时年仅二十七岁，虽拿不出傲人的学历，官位却远超许多翰林出身的官员。那么，和珅究竟有何德何能，在短短的一年多时间里，从一名普通的三等侍卫，一跃而成乾隆皇帝的亲信重臣？乾隆究竟看中了和珅哪点呢？

发达

很难想象，和珅其实是一个诗人。多年之后，嘉庆四年（1799年）正月十五的元宵佳节，当和珅身陷囹圄之时，曾写下《上元夜狱中对月两首》，其中一首是这样写的："夜色明如许，嗟令困不伸。百年原是梦，廿载枉劳神。室暗难挨晓，墙高不见春。星辰环冷月，缧绁泣孤臣，对景伤前事，怀才误此身。余生料无几，空负九重仁。" 整首诗情真意切，文采斐然，看得出并非平庸之作。

应该说诗人和珅是真性情的。他的这些真性情的诗收在《嘉乐堂诗集》中，被当时的著名浪子诗人钱泳评价为"偶有佳句，很通诗律"。江苏无锡人钱泳自视颇高，出身于名门望族却不事科举，一生不为稻粱谋，很有知识分子的骨气。他如此评价和珅的诗，当不是出于谄媚，而是和珅之诗，确有独到之处。

其实，和珅不仅是诗人，还是书法家和语言学家。和珅的书法很见功力，仿佛乾隆的克隆版。英廉就曾称赞和珅的书法"浑厚饱满，雍容中又蕴挺拔"，这其实是他刻意模仿的结果，也是和珅的心机所在——无论是诗还是书法，他都刻意模仿皇帝，投其所好。因为乾隆本身也是个诗人，一生喜爱作诗。根据统计乾隆写的诗总计有四万两千六百一十三首。毫无疑问这是个惊人的数字，《全唐诗》所收的有唐代两千两百多位诗人的作品，才四万八千多首，乾隆可谓以一人敌数千人；同时，乾隆也爱好书法。他每天临摹黄庭坚的书法，同时，因为喜爱王羲之的《快雪时晴帖》，这位皇帝在差不多五十年的时间里，于这幅只有二十多字的残简上写满自己的题跋，总计达七十三处之多，完全淹没了王羲之的真迹。乾隆爱诗和书法到如此地步，碰上同道中人和珅，自然引为知己，以致于他索性将紫禁城里的一些诗匾都交由和珅代笔，这已是宫中一个公开的秘密。说和珅是语言学家那是因为他精通满、汉、蒙古和西藏四种文字。这是和珅记忆力惊人的表现，乾隆为此在《平定廓尔喀十五功臣图赞》中特别提到这一点，对和珅十分赏识。

　　和珅之所以能在多方面有所成就，关键一点在于他首先是一个心理学家——时时处处揣摩皇帝的心理，见机行事。史料记载："高宗（乾隆）若有咳唾，和珅以溺器进之。"这就是急皇帝所急，想皇帝所想了。乾隆爱好画画，急于得到评价，和珅就针对其所画的《临董其昌秋林书屋图》和《金莲花》煞有介事地点评说："《秋林书屋图》有出董其昌之意，胜董其昌之处。皇上附着其上一股只可意会不可言传的帝王霸气，非一般儒雅之士所能描摹这幅《金莲花》，看似宁静，却又悄然生姿，莲瓣在似闭非闭之间，而这只飞来的蜜蜂，留恋之意更是绝妙之处。在绘画方面的才华，历代先皇无人能出皇上右者。"和珅如是佳评，毫无疑问挠到了乾隆心头的痒痒肉，怎不让他心旷神怡。而和珅也理所当然地开始接收回报。乾隆四十二年（1777年），乾隆命和珅兼任吏部右侍郎。乾隆四十三年（1778年），和珅又兼步军统领，监督崇文门税务。关键是乾隆四十五年（1780年），和珅受乾隆之命远赴云南查办总督李侍尧贪污案，案子还没办完，好事就来了。乾隆下旨，晋和珅为户部尚书兼议政大臣，同时兼御前大臣，补镶蓝旗满洲都统，授正白旗领侍卫内大臣，充《四库全书》馆正总裁，兼办理藩院尚书事务。乾隆四十六年（1781年），和珅兼署兵部尚书，管理户部三库事务。乾隆四十七年（1782年），和珅加太子太保，充经筵讲官。乾隆四十八年（1783年），和珅得赐双眼花翎，充国史馆正总裁、文渊阁提举阁事、清字经馆总裁，同年，和珅易平定甘肃回民起义之功晋一等男爵。乾隆四十九年（1784年），和珅调吏部尚书、入阁为协办大学士，管理户部如故。乾隆五十一年（1786年），和珅晋文华殿大学士，仍兼吏部、户部事。乾隆五十三年（1787年），和珅封三等忠襄伯。甚至到了嘉庆三年（1798年），和珅仍圣眷未衰，太上皇乾隆在临终前仍以"襄赞机宜"为名晋他为"一等忠襄公"。和珅可谓生命不息，圣眷不止。

其实，和珅的殊荣不止于此。为了让皇恩更加浩荡，和珅想方设法和乾隆进行政治联姻。他的儿子丰绅殷德与乾隆最心爱的小女儿和孝公主成亲，女儿也嫁给了康熙的曾孙——一位贝勒做福晋。甚至和珅的侄女，也就是他弟弟和琳之女嫁给了乾隆的孙子绵庆为妻。和珅由此和乾隆成了牢不可破的亲家。关于和珅与皇家联姻之事以及众官员的趋炎附势，当时的朝鲜使臣在一份回国后的报告里如是记述："吏部尚书和珅，去年（指乾隆四十九年）升为军机大臣，子尚皇女，女配皇孙，权势日拢皇帝遣内侍轮番共第，势焰嚣天，缙绅趋附。"

一个人在仕途上如日中天，自然要追求享受，和珅也不例外，甚至变本加厉。他在什刹海畔建了恭王府，在圆明园建了淑春园，在承德避暑山庄丽正门外、北京北长街会计司胡同等处都建了豪宅。甚至在蓟州违制为自己修建坟墓"和陵"，不仅有禁军看守，规制还超过亲王。关于和珅高调张扬之情状，乾隆五十九年，朝鲜使臣在回国后的一份报告里同样有记载：和珅"用事日甚，擅作威福，大开赂门。豪奢富丽，拟于皇室。有口皆言，举世侧目"。

和珅的生活是如此的穷奢极欲，以致于某些皇子都艳羡不已。乾隆的第十七个儿子庆僖亲王永璘不以争夺皇位为念，反而念念不忘和珅的府第，他曾对人这样说："天下至重，怎么敢存非分之想，只希望圣上他日能将和珅邸第赐我居住就心满意足了。"这实在是一个危险的信号，说明和珅已有僭越之嫌，但和珅却我行我素。因为乾隆皇帝已经离不开他了。晚年的乾隆对和珅的所作所为听之任之，以至于他无所顾忌，为所欲为。和珅不知道，若干年后，当他被嘉庆皇帝以所谓的二十条罪状拉下台时，他的穷奢极欲就成为被攻击的对象。比如，第十三条——私盖楠木房屋，奢侈豪华，超标准、超规格。第十四条——和珅坟茔设立享殿，开置隧道，致使老百姓称之为"和陵"。　第十五条——所藏珍珠手串达两百余串，比宫中多好几倍，其中的大珠，比皇帝帽子上戴的还大。第十六条——真宝石顶，不是他应该戴的，他却藏数十颗，还有整块大宝石，宫里都没有而他却有，不计其数。这些罪状之所以成立，就是因为和珅犯了"违制"的大忌。一个臣子的生活穷奢极欲到令皇子都艳羡，他的败亡也就指日可待了。

败亡

那么，从什么时候开始，和珅走上败亡之路了呢？乾隆六十年（1795年），老皇帝已八十五岁高龄。关于乾隆的老态，由清廷返国的朝鲜使者这样向他们的国王报告："太上皇容貌气力，不甚衰耄，而但善忘比剧。昨日之事，今日辄忘；早间所行，晚或不省，故侍御左右，眩于举行。"（吴晗：《朝鲜李朝实录中的中国史料》）。就在这一年九月初三，乾隆在勤政殿，召见皇子、皇孙及王公大臣等，公开宣布立皇十五子嘉亲王颙琰为皇太子，以明年建元嘉庆元年，届期归政。

事实上在乾隆公开立储之前，和珅就提前知道了颙琰被立的消息，他派人送了一个玉如意给颙琰，暗示对方已经被立。正所谓一朝天子一朝臣，和珅此举是为讨好颙琰，但颙琰却没有收，不买他的账。一切都是无声的博弈，只不过和珅并没有就此示弱。因为在此时，乾隆又宣布："归政后，凡遇军国大事，及用人行政诸大端，岂能置之不问，仍当躬亲指教，嗣皇帝朝夕敬聆训谕，将来知所禀承，不致错失。"这意味着在乾隆有生之年，最高权力仍将牢牢掌控在他自己手里，和珅不必惊慌失措；再一个，和珅是乾隆的宠臣，颙琰真的要秋后算账，不能不顾及老皇帝的脸面。事实也正如和珅所预料的那样，嘉庆帝即位的头三年里，根本不掌大权，只是个傀儡皇帝而已。而嘉庆元年（1796年）正月二十，一件得以洞悉乾隆私心的事情发生了。这一天，湖广总督毕沅给太上皇乾隆上疏，内有"仰副圣主宵旰勤求，上慰太上皇帝注盼捷音"的字句。这样的字句让乾隆龙颜大怒——嗣皇帝什么时候宵旰勤求了？一切还不都是他老人家在操劳吗？再有，毕沅将嘉庆皇帝的名号排在太上皇帝之前，实属排位不当，此风一开，以后他的权威何在？便通报批评。在嘉庆元年（1796年）的正月，太上皇乾隆大张旗鼓地开展了整风运动，以此整顿官场政治新秩序。而和珅从这一事件中得到的启发是，只要老皇帝在，他的前程就在，嘉庆根本奈何不了他。

甚至和珅还处处找机会敲打嘉庆。嘉庆登基后，他的老师、时任广东巡抚的朱珪向嘉庆进颂册，和珅却在乾隆面前告御状；嘉庆想升授朱珪为兵部尚书和吏部尚书，和珅却称"嗣皇帝欲市恩于师傅"，要老皇帝警惕嗣皇帝结党营私。和珅甚至派他的老师吴省兰以帮助嘉庆整理诗稿为名，行监视言行之实。军机大臣阿桂临死前目睹和珅的飞扬跋扈，流着泪对嘉庆说："我年逾八十，可死；位居将相，恩遇无比，可死；子孙皆以佐部务，无所不足，可死。今忍死以待者，实欲俟皇上亲政，犬马之意得以上达。如是死，乃不恨然。"这是希望嘉庆能早日亲政的意思。嘉庆又是怎么做的呢？面对和珅的种种挑衅，他选择了韬光养晦。嘉庆有事要奏明乾隆时，有意请和珅代奏，以示充分信任；当有人说和珅不好之时，嘉庆会一本正经地称赞和珅的能力和忠心，态度极其诚恳。事实上和珅遭遇到的是一个极强的影子对手，但志满意得的他却毫无察觉。

嘉庆四年（1799年）正月初三，乾隆太上皇帝病死，享年八十九岁。同日，嘉庆任命和珅与睿亲王淳颖等一起总理丧仪大事，同时传旨召他的老师朱珪即速回京。这应当是一个含义鲜明的信号。次日即初四那天，嘉庆召集在京军以上干部谈话。口气之严厉，前所未见。他说："带兵大臣及将领等，全不以军务为事，惟思玩兵养寇，藉以冒功升赏，寡廉鲜耻，营私肥橐。"还说在京的军官们"遇有军务，无不营求前往"。目的只在敛财。这些人从军营回京后，"家资顿增饶裕。"接下来的套路都是大同小异，那就是请假回老家，借口祭祖省亲省墓之事，"回籍置产"。嘉庆通过严厉的训话，将乾隆末年以来形成的军队腐败现象第一次公布于众，令人顿感政坛出现了异动。

嘉庆正月初四的谈话事实上传递了这样一个信号——他的时代到来了。这是有所作为的时代，也是与以往不同的时代。嘉庆甚至提到了他父亲："皇帝临御六十年，天威远震。凡出师征讨，即荒徼边外，无不立奏荡平。从来未有数年之久，糜饷数千万两之多，而尚葳功者（指清军征剿白莲教一事）。"这是他借乾隆之名敲山震虎，矛头直指主持具体工作的和珅。

嘉庆谈话表面上看似乎是对乾隆朝的政策或者说行政作风提出了批评。这种批评貌似委婉，却相当地振聋发聩。因为这是乾隆太上皇与世长辞后的第二天，这样的话出自谨小慎微、一贯唯唯诺诺的嘉庆帝之口，很是令人大跌眼镜，也令人胆战心惊，特别是对和珅来说。因为这一天，和珅有两个发现：一个是关于军机处大臣福长安的。他被解职了。福长安与和珅是利益共同体。嘉庆在谈话之后一举拿下福长安的职位，意图很明显——冲着和珅来的；二是关于和珅自己的。和珅和福长安被分派昼夜守灵，不得擅离。嘉庆帝的这个举动相当意味深长。一方面是他们受嘉庆皇帝的器重，为太上皇守灵；另一方面他们事实上被软禁了，在最关键的时刻失去了有所作为的时间和空间。联系到福长安的被解职，和珅只能做出悲观的猜测。

初五那天，嘉庆发出了一个耐人寻味的指示，规定从今以后"有奏事者……皆得封章密奏"。改明奏为密奏，个中意图有着强烈的暗示性。给事中王念孙、御史广兴等官员就收到暗示了。他们当日上疏弹劾和珅弄权舞弊，犯下大罪。毫无疑问，这样的弹劾是嘉庆皇帝所需要的。因为三天之后，和珅就被革职，逮捕入狱。

十天之后，也就是正月十八，和珅发现自己的生命走到了尽头。受嘉庆的再一次暗示（事实上和珅被捕就是个强烈的暗示信号），在京文武大臣会议列出和珅二十大罪状，其中包括"以拥戴自居；骑马直进圆明园左门，过正大光明殿，至寿山口；乘椅轿入大内，肩舆直入神武门；妄将出宫女子，娶为次妻"等涉嫌僭越之罪名，奏请将他凌迟处死，嘉庆谕示"和珅罪有应得"，赐自裁。

　　这是嘉庆四年（1799年）嘉庆皇帝的正月行动，自正月初三乾隆太上皇与世长辞，到正月十八和珅"赐自裁"，刚好是半个月时间。史载，和珅去世时还不满五十岁，被抄没的家产有：赤金元宝一百个，每个重一千两，估银一百五十万两；赤金五百八十万两，估银八千七百万两；元宝银九百四十万两；白银五百八十三万两；苏元银三百一十五万两；当铺七十五座，本银三千万两；玉器库两间，估银七千万两；地亩八千余顷，估银八百万两。总值达八亿两白银。这些钱财当然都与他无关了。据说和珅写下的绝命诗有"五十年来梦幻真"一语，又有"怀才误此身"之叹，人生的幻灭感不言而喻。但是，作为一个平步青云和盛极而衰的仕途中人，和珅经历了命运的宠爱和抛弃之冰火两重天，其人生况味冷暖自知。这个被盛名淹没的激情诗人在生命的最后时刻"偶有佳句"，一如钱泳所评价的那样。

　　只可惜欲望之下，诗人不再，或者说已名不副实。而在帝国仕途中，又多了一个奔赴黄泉者，给后人徒留一段谈资罢了。

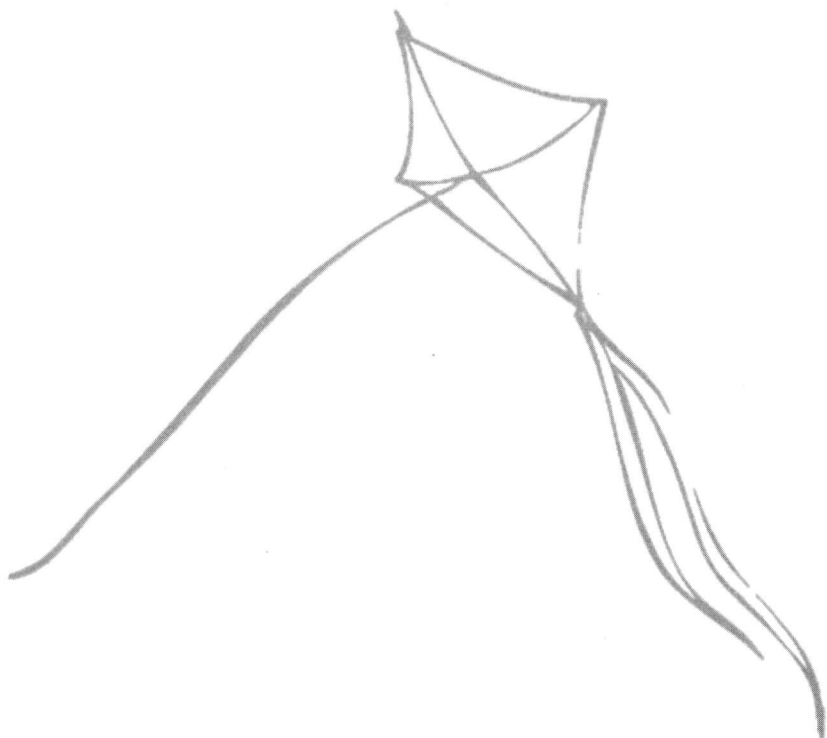

第 15 章

奕䜣：离皇位一步之遥

兄弟之争

　　1850年，道光王朝寿终正寝。这一年，江苏农民在金德润率领下发生暴动，县吏朱正安家被砸。在广州，由于英国商人金顿无故殴打当地的水果摊贩，激起民愤，爆发了民众围攻商馆的事件。而在中央朝廷，由于法国政府的压力，皇帝不得不明降谕旨，弛禁天主教令，并且发还康熙末年以来没收的天主教堂。

　　同年，无数人的命运随之发生改变。有些人死了，比如画家张培敦和汤绶名。前者师法文徵明，善画山水，后者官居盐城守备，善画墨梅、桃花等，都是一时才俊。但生命戛然而止之时，一切名利都成云烟；另有一些人获得新生。比如在香港马礼逊学校求学的容闳、黄胜、黄宽等第一批中国学生在校长布朗带领下赴美留学。若干年后，从美国耶鲁大学毕业回国的容闳参加戊戌变法，维新运动失败后，他开始认同孙中山的资产阶级革命主张，个人命运由此发生重大改变。

　　这一年，有个人命运也发生重大改变，这个人就是奕䜣。他是皇帝的第六子，生于道光十二年十一月二十一。这一年奕䜣才十四岁，是个未成年人。

此前他是一个五好学生，六岁就进上书房学习。很显然，他的功课要比他的四哥奕䜣学得好。"少读即成诵"，　不仅精通经史，擅长诗文，有《乐道堂诗钞》和《萃锦吟》传世，而且刀枪之技、骑射之术也颇为娴熟，是德智体美劳全面发展的好学生。皇帝似乎也对他另眼相看——给他找的老师是道光六年的榜眼、山东黄县人贾桢，而奕䜣的老师杜受田只是道光三年的进士。相比之下，皇帝对奕䜣似乎更看重一些。

一些细节可以看出皇帝的心机。比如说他为这个六子赐名"奕䜣"，"䜣"是高兴的意思。皇帝高兴什么呢？奕䜣降生之时，道光帝前面虽然已有五个皇子，但长子奕纬此前一年病逝，次子奕纲、第三子奕继也早早夭折。五子奕誴生下来就是个丑八怪，道光不喜欢他，就将其过嗣给亡弟绵恺为后。唯皇四子奕䜣，当时才一岁半，道光怕他像次子、三子一样早早夭折，所以一直提心吊胆。现在奕䜣的降生，对他来说可谓是承继大统的双保险，所以他才为这个第六子赐名"奕䜣"——道光心里高兴的毫无疑问是这个儿子。

正所谓母凭子贵。奕䜣诞生后，其生母博尔济吉特氏在宫中地位迅速上升，从排名第五的妃子一跃为贵妃，地位仅次于皇后——皇四子奕䜣的生母钮祜禄氏。最微妙的事情是奕䜣十岁之时，钮祜禄氏突然去世，皇帝下旨由奕䜣生母博尔济吉特氏代养奕䜣。由于皇后缺位，奕䜣又显出比奕䜣更加聪明的迹象，在以秘密立储制而非嫡长制选拔皇位接班人的时代背景下，奕䜣的人生的确充满了悬念或者说诸多的可能性。

皇帝的言行也在有意无意间传递出了某种暗示。奕䜣的老师贾桢某次赴江南主持乡试，道光帝怕因此影响奕䜣的学业，特意写信给他，嘱其早早归来。但是道光二十六年，皇帝主持的一场考试让奕䜣的命运悄然发生了改变。这一年众皇子校猎南苑，奕䜣所射杀的禽兽最多。毫无疑问，这个体现了他的骑射之术，而校猎南苑的目的其实也在于此。令人意外的是奕䜣未发一箭，以至于一无所获。皇帝问其原因，奕䜣回答说："时方春和，鸟兽孳育，不忍伤生命以干天和，且不欲以弓马一日之长，与诸弟相争也。"事实上这个答案是他的老师杜受田早早教给他的，目的是让奕詝以仁胜出。道光皇帝在当时虽然未予置评，但很显然，他对奕詝开始看好了。奕詝和奕訢这两个儿子在他心目中的分量变得不一样了。

两年后，奕詝在皇位争夺战中又胜出一筹。这一年道光帝召奕訢与奕詝面谈，以便定储。奕訢对道光所问之事可谓知无不言，言无不尽，显得侃侃而谈、知识面很广的样子；而奕詝在闻知道光帝说自己年老多病，将不久于人世时，马上面露忧戚之神态，无心对答，只是伏地哭泣，以表仁孝之意。事实上这是他的老师教给他如此这般的。因为杜受田考虑到奕詝学识不及奕訢，便授计于他："阿哥如条陈时政，知识万不敌六爷。惟有一策：皇上自言老病，将不久于此位，阿哥惟伏泣流涕，以表孺慕之诚而已。"奕詝最后果然赢在他的"仁孝"上。两年之后的道光三十年（1850年），皇帝将他的谜底公开，而奕訢的个人命运也由此尘埃落定。

道光三十年正月十四(1850年2月25日)清晨，道光帝的视线停留在总管内务府大臣文庆公的手上。准确地说，是该公手里捧着的立储匣，这个匣，即将透露新王朝新天子诞生的确切消息，因为此时的道光帝已处在弥留之际，说不出话来了。

立储匣打开，出现了一封御书"封皇四子奕詝为皇太子"，另外也出现了一份朱谕"封皇六子奕訢为亲王"。站在一旁的人惊呆了，他们是宗人府宗令载铨，御前大臣载垣、端华、僧格林沁，军机大臣穆彰阿、赛尚阿、何汝霖、陈孚恩、季芝昌。这些历史现场的见证人怎么也想不到，立储匣里会出现两个人的名字。虽然一个为皇太子一个为亲王，略有名分之别，但立储匣的功能只为立储，现在太子、亲王双雄并立，共挤一匣之中，毫无疑问会给新王朝留下动荡的隐患和树欲静而风不止的操作空间。

此刻，那个最哀伤的人奕訢，该怎么办呢？

封号事件

　　道光三十年正月二十六（1850年3月9日），是奕詝的幸福时光。这一天，他在太和殿正式即位，即咸丰皇帝。这一年，奕䜣发现自己的命运也有所改变，他被封为恭亲王。这个恭亲王的"恭"字大有讲究。咸丰封其他诸弟为郡王，唯封奕䜣为恭亲王，可谓意味深长。是他对奕䜣表示尊重，还是让奕䜣对自己恭恭敬敬？一切尽在不言中。但奕䜣从中感受到的，是这个四哥皇兄对自己的刻意疏离——他虽然被封为恭亲王，可直到三年后的咸丰三年（1853年），皇帝才为他举行恭亲王册封仪式。在此期间，奕䜣受命在内廷行走，或做一些礼仪性的工作，比如替亡父道光皇帝上坟等。咸丰三年三月，在正式受封恭亲王后，奕䜣受命管中正殿、武英殿事。当然这个职位也谈不上有什么实权，奕䜣明白自己仍处于考察期或者说观望期。所以此一阶段他的表现是韬光养晦，低调做人。咸丰皇帝赐他恭王府（原和珅邸第）并且亲临贺喜时，奕䜣诚惶诚恐地写诗言谢：

　　銮舆临莅日晴朗，

　　常棣恩周念弟兄。

　　更幸赐诗承渥泽，

　　勉输愚悃颂升平。

　　这首诗写得很媚，看不出有半点风骨。或许，这正是奕䜣的处世之道——在逆境中夹着尾巴做人，等待春天的到来。

奕䜣的春天在1853年突然到来了。同年3月，太平军来势凶猛，直逼南京城下，朝廷里百官大骇，手足无措。奕䜣在这关键时刻站了出来，"赞襄军务，居中调和"胜保与僧格林沁两支大军的矛盾，令他们合力围剿北伐军。奕䜣的指挥才能和战略思想在他这次出场亮相中得到了验证，咸丰皇帝开始对他另眼相看。当太平军的北伐被镇压下去之后，奕䜣发现自己已经从一个内廷行走人员转变为叱咤风云的领军人物。他先后出任都统、阅兵大臣等职，皇帝并且高兴地下发嘉奖令：恭亲王奕䜣"着交宗人府从优议叙"。

就个人仕途而言，毫无疑问奕䜣正步入上升期。他破例入值军机，并很快成为军机处的领班。但偏偏这个时候，封号事件浮出水面，为奕䜣冉冉上升的仕途投下一道浓重的阴影。

这事还得从咸丰元年说起。该年三月十五日，奕䜣生母被封为"康慈皇贵太妃"。这似乎是个崇高的荣誉，就像咸丰皇帝此前所宣布的：奕䜣生母在生前侍奉皇考道光帝，淑慎素著，理应加崇称号，以申敬礼。可康慈皇贵太妃看上去却不怎么高兴。因为她想得到的并不是皇贵太妃的封号而是皇太后的封号。当然要细说起来这里面也是大有文章的。就像上文所述，奕䜣和奕詝是同父异母的兄弟。早在奕詝十岁时，因其母去世，只好由奕䜣生母抚养，所以奕䜣生母事实上也是奕詝的养母。正是因为这样一层关系的存在，奕䜣及其母亲才对皇太后的封号有所企图，甚至在某种程度上，他们认为是理所当然的。

但咸丰皇帝却顾虑重重。的确，这里面大有文章好做。对奕䜣生母封后表面上看是亲情伦理问题，实质上却是政治权力问题。所以尽管此后奕䜣曾经多次向咸丰皇帝表示，其母"宜尊号太后"，但皇帝却始终是"默不应"。奕䜣误解了这种"默不应"，或者说故意误解了咸丰帝的"默不应"。 咸丰五年（1855年）夏，康慈皇贵太妃病重，咸丰皇帝前来探视，问奕䜣病情，奕䜣跪地哭泣说："已笃！意待封号以瞑。"很有不给皇太后封号就死不瞑目的意味。咸丰皇帝听罢仓促之间不置可否地说了两声："哦！哦！"奕䜣马上抓住时机有所作为。他立即跑到军机处去办理皇太后的尊封事宜，并且让礼部立即准备正式的册封礼。如此箭在弦上，迫使咸丰皇帝在七月初一传旨："尊康慈皇贵太妃为康慈皇太后"。

封号事件到此为止。表面上看是奕䜣占了上风，但咸丰皇帝随后开始发力，以惩戒奕䜣对皇权的侵犯与轻薄。

同年七月二十一，咸丰皇帝颁布谕旨，称恭亲王奕䜣"于一切礼仪，多有疏略之处，著勿庸在军机大臣上行走，宗人府宗令、正旗满洲都统均著开缺；并勿庸恭理丧仪事务、管理三库事务"同时，警告他"必自知敬慎，勿再犯类似过错，以付朕成全之至意"（见《清实录》）。咸丰皇帝还下令"减杀太后丧仪"：他不按皇太后礼而以妃礼发丧奕䜣生母；不让其与道光皇帝合葬于慕陵，而只将康慈皇太后的棺椁安置在慕陵内的妃园寝内。为掩人耳目，咸丰皇帝颁旨将慕陵内的妃园寝升格为皇后陵，称为慕东陵，但仅此而已。

在最重要的谥号问题方面，咸丰皇帝也做了手脚。他谥奕䜣生母为"孝静康慈弼天辅圣皇后"，仅十个字，也不系宣宗庙谥，即不加宣宗成皇帝的"成"字，以有别于其他皇后，从而开创了清代历史上皇后不系皇帝谥号的先例。

至此，奕䜣也不再期望得到咸丰皇帝的信任。他此前韬光养晦、夹着尾巴做人的谋略功亏一篑。咸丰皇帝在办完康慈皇太后的葬礼后，以奕䜣"于一切礼仪，多有疏略之处"为由，宣布解除他的全部职务。紧接着，皇帝怒气冲冲地发布上谕称："中外臣民，但旨奕䜣之封亲王，系朕即位后推恩，未知系皇考遗命，不足以传信后世。著将此旨付史馆，于实录本纪内，将皇考朱谕封奕䜣为亲王，纂入道光三十年正月十四日遗命各条之此，以昭信史。" 意思是封奕䜣为亲王是道光帝的遗命，不是他咸丰的本意。否则，他会将其亲王爵也一并撤去。这样一道上谕咸丰皇帝不仅公之于众，而且要"以昭信史"，说是羞辱奕䜣毫不为过。

奕䜣再次跌入谷底。

致命的提议

牢落天涯客，伤哉志未伸；

独醒空感世，直道不容身。

忠荩遗骚雅，高风问楚滨；

怀沙数行泪，饮恨汨罗津。

这是跌入谷底的奕䜣写的一首聊以自慰的诗。但是在咸丰十年八月初七（1860年9月21日），奕䜣的命运再一次静悄悄地发生改变。这一天八里桥（今北京市通州区）大战爆发。僧格林沁所部在京郊张家湾、八里桥一带惨败，英法联军趁势进抵北京。咸丰皇帝吓得从圆明园逃往热河，而当时二十八岁的奕䜣被他授权为全权大臣，负责与联军的议和。

的确，对奕䜣来说，这是他的命运发生改变的开始。不过是变好还是变得更坏，却没有人可以预知。因为议和工作并不好做，议得不好，和平未来，战事再起，他就是不折不扣的替罪羊。而要议妥当了，接受英法联军的城下之盟，又免不了有丧权辱国之嫌。这一点诚如他写给皇帝的一份奏折中所言：

"臣等自受命以来，与夷酋周旋数日，谨遵圣谕，与夷议和，草签和约，虽暂退夷兵，然危情未解，种种错误，虽由顾全大局，而扪心自问，目前之所失既多，日后之贻害无已，实属办理未臻完善，臣请皇上议处。"

毫无疑问，奕䜣奏折中所表达的心情是战战兢兢的。因为在议和过程中，联军和他草签的和约条件是异常苛刻的，不仅要清廷承认《天津条约》继续有效；增开天津为商埠；还要对"大沽事件"表示"谢罪"；改赔款数额为八百万两（《天津条约》规定为四百万两）；最要命的一点还在于，清政府必须割让九龙司半岛南部给英国。

奕訢没想到，皇帝不但不对他严加处置，反而好言宽慰。他在热河下旨说："恭亲王办理抚局，本属不易，朕亦深谅苦衷。自请处分之处，著无庸议。"这似乎是奕訢命运向好的征兆。那句老话是怎么说的——没有功劳，也有苦劳吧。但奕訢却没想到，从咸丰皇帝逃到热河之后，到咸丰十一年七月十七（1861年8月22日）驾崩于热河避暑山庄烟波致爽殿西暖阁，他再也没能见到这位哥哥一面，哪怕是最后一面。这里头细说起来原因很复杂。一是奕訢北京议和成功，实力或者说政治资本大增。身边围了一批留守京师的王公贵族，称其"擅社稷之功，声望压端华、肃顺之上"。与此同时，洋人也认可奕訢的表现，甚至放出风来，要让他来取代奕詝做大清国的皇帝。

洋人不懂中国式政治，奕訢却吓得要死。他这是功高震主啊，也犯了君臣名分之大忌。为了挽回影响，奕訢请求到热河请安，皇帝不许。很显然，咸丰这是生气了。奕訢为补救计，联合在京的王公贵族及诸大臣上奏请求皇帝"择佳期回銮"， 咸丰依然不肯。其实，奕訢把功课做到这里，皇帝虽然这不许那不肯的，心却在慢慢软化。换句话说，他对奕訢的戒备心理开始消减。不过谁都没想到，奕訢接下来竟走了步臭棋：建议咸丰皇帝离开热河，定都西安。他给出的理由是西安有四塞之固，曾为千年古都，命脉风水都是上佳的。如果回京有后顾之忧的话，定都西安洋人就鞭长莫及了。

奕訢在此时犯下的错误可以说是致命的。虽然他给出的迁都理由表面上看冠冕堂皇，找不出漏洞来，但在请求皇帝"择佳期回銮"后不久，就紧接着建议迁都，不能不让皇帝再起疑心。由此咸丰对奕訢产生防范心理，这一点可以在总理各国事务衙门的设置上一见端倪。总理各国事务衙门是奕訢在北京议和期间为方便与洋人打交道提议设立的，目的是专办洋务。但咸丰皇帝在1861年1月20日颁布实施时将此衙门的功能限定在"通商"上，咸丰皇帝甚至给各省有关机构打招呼，称"至各省机密事件……如事关总理衙门者，即由军机处随时录送知照，亦甚便捷，着无庸由各口先行咨报总理衙门，以归划一"。很显然，皇帝是想将总理衙门的权力架空，以便掌控奕䜣。

事实上奕䜣的权力被架空还体现在皇帝的临终交代上。咸丰皇帝在临终前宣布载垣、端华、景寿、肃顺、穆荫、杜翰、焦佑瀛为顾命大臣，同时，授予皇后钮祜禄氏"御赏"印章，授予皇子载淳"同道堂"印章(后由慈禧太后掌管)，皇帝规定顾命大臣拟旨后要盖"御赏"和"同道堂"印章。这是一种权力的分配和制衡。但是，在后咸丰时代的权力格局中，奕䜣没有被安排什么角色。换句话说，他是这个权力场的局外人，不再有博弈的资格。

事实果真如此吗？

"同治"：触底反弹

历史的吊诡之处，其实难以一言以蔽之。

1861 年农历七月十七，咸丰皇帝去世。但接下来，在权力分配上，八大臣同两宫太后发生了矛盾。两宫太后准备染指最高权力。而八大臣则认为两宫太后看折也是多余之事。双方剑拔弩张，一个王朝的政权交割出现了耐人寻味的变化。由此，奕䜣的机会来了。同年农历八月初一，他获准赶赴承德避暑山庄去参加咸丰皇帝的追悼会。追悼会后，他又获准同两宫太后会面约两个小时。这是影响历史进程的两个小时，正是在这次会面中，恭亲王奕䜣同两宫太后密商了发动政变的细节与步骤。此时距咸丰皇帝驾崩仅仅过去十三天。同年农历八月初六，御史董元醇上奏请太后暂理朝政、并选择一两个亲王加以辅弼，从而为两宫太后未来的垂帘听政打下舆论基础；同年八月初七，亲太后派的准兵部侍郎胜保赶到避暑山庄，请旨不许各地统兵大臣赴承德祭奠，随后自己率兵经河间、雄县一带兼程北上，为两宫太后未来的垂帘听政保驾护航；同年农历九月二十三避暑山庄起灵驾。两宫太后和同治皇帝只陪了灵驾一天，就从小道赶回北京，于七天后发动政变。奕䜣先是暗地里策动其亲信、手握重兵的胜保上《奏请皇太后亲理大政并另简近亲王辅政折》，以为政变成功后皇太后听政与近支亲王辅政做好舆论准备。所谓"另简近亲王辅政"，明眼人一看便知是让恭亲王奕䜣上位。随后赞襄政务八大臣中的载垣、瑞华在宗人府被自杀，肃顺处斩，景寿、穆荫、匡源、杜翰、焦祐瀛被夺职，穆荫被发往军台效力。

　　1861年农历十月，当一切尘埃落定后，两宫太后诏改"祺祥"年号为"同治"年号。这实在是一次含义丰富的诏改，因为"同治"含义可做四层理解：一是两宫同治，二是两宫与亲贵同治，三是两宫与载淳同治，四是两宫、载淳与亲贵同治。当然对奕䜣来说，他也获得了某种"同治"的可能性。咸丰十一年（1861年）农历十月初一，辛酉政变后第二天，奕䜣发现自己成了议政王、宗人府宗令，并被任命在军机处行走。"宗人府宗令"是地位的象征，虽然只掌管皇族事务，却位居内阁六部之上。但他的恩宠并没有到此结束。第三天，两道上谕下来，奕䜣被补授总管内务府大臣，同时管理宗人府银库。在此之前，奕䜣的身份是总理各国事务衙门大臣，如今多重显要身份集于一身，奕䜣的人生可谓功德圆满了。

流星人物

　　奕䜣的人生突然间功德圆满，其实是一种交易，是慈禧太后对奕䜣在辛酉政变中配合默契给予的回报。不过，它也不仅仅是回报，其中还有安全和平衡的考量。政变后载垣、端华赐自尽，肃顺斩首示众，景寿等五人或革职或遣戍。帝国一时间人心惶惶，不给奕䜣好处，一无以镇服人心，二恐生变数。这是慈禧太后对权谋手段的一次大胆运用，结果形势稳定了下来。

　　四年之后的同治四年（1865年）三月初七，恭亲王奕䜣被慈禧革职。大权在握的奕䜣起初不以为然，他甚至和这位女人进行了理论，双方发生争执。慈禧太后随后亲笔诏书，斥责奕䜣"骄盈溺职，召对不检，罢其值军机、议政王的官衔"。奕䜣这才知道，自己的使用价值已经到期了。他在辛酉政变中配合默契并不意味着可以永久享受权力，相反，随着时间的推移，他在慈禧太后眼里从利益共享者已经转变成战略竞争者，所以动手是迟早的事情。这是权力的巡回，也是慈禧太后的收官。貌似"润物细无声"，却"轻舟已过万重山"。

　　就在奕䜣准备弃子认输时，世事的无常却出现了。由于王公大臣九卿科道等公奏："恭亲王咎由自取，尚可录用"，慈禧太后权衡之后做了一个折中处理——命奕䜣仍在内廷行走，并总管总理衙门。恢复其军机大臣职务，不复议政。这叫打而不死以观后效。但最后的效果究竟怎样，是峰回路转还是慢慢折磨致死，奕䜣不得而知，因为主动权不在他手里。

此后二十年没有动静。就像楼上人家夜半时分脱了一只靴子，奕䜣提心吊胆地等待另一只靴子也脱下来——早脱早解脱，但慈禧太后偏偏"玩猫老鼠"，很有耐心地玩了二十年，只玩得奕䜣这只老老鼠万念俱灰，生不如死。二十年后的1884年，最后的谜底揭晓。这一年是光绪十年，法国人兵指越南，帝国在越南战场上被打得落花流水，先后失了山西、北宁、太原等地。三月初八，左庶子盛昱上奏折弹劾李鸿藻保举非人，建议给予处分；同时，盛昱还在奏折中说奕䜣、宝鋆了解内情却不加阻止，也应该负一定的责任。毫无疑问，这是一份慈禧太后等待了二十年的奏折，因为它给了她脱去另一只靴子的借口。五天后，慈禧太后出手，以"委蛇保荣，办事不力"的罪名，将恭亲王奕䜣、大学士宝鋆、协办大学士吏部尚书李鸿藻、兵部尚书景廉、工部尚书翁同龢一概逐出军机处；同时，任命礼亲王世铎、户部尚书额勒和布、阎敬铭、刑部尚书张之万、工部侍郎孙毓汶五人为军机大臣，礼亲王世铎为领班大臣，组成了新的军机处。这是光绪十年权力格局的重新组合，也是对奕䜣政治生命的一个交代和了结。奕䜣明白，重点其实还在后者。慈禧太后以一个女人的耐心足足等了二十年，这样的收官时间可谓绝无仅有。这一回，奕䜣真正认输了。

光绪二十年，由于甲午战败，帝国人才匮乏，六十三岁的奕䜣重新出山，担任领军机的重臣。但此时的他日薄西山，锐气不再，看见慈禧太后就像老鼠看见猫一样，再无任何主见与坚持，凡事委蛇因循，成了一个素餐尸位之人。四年后，戊戌变法运动爆发前夕，奕䜣与世长辞。在晚清五十年的历史大变局中，奕䜣本来可以有更大作为的，但由于时运不济，再加上自身性格等不利因素的存在，此人最终成为帝国仕途的郁郁不得志者，一个流星人物——虽曾春风得意，却到底只是昙花一现。